Auxiliar Administrativo/a del Ayuntamiento de Oviedo

Julio, 2024

SE 07

Curso

*La diferencia entre aprobar
y sacar plaza*

Auxiliar Administrativo/a

AYUNTAMIENTO DE OVIEDO

Accede a tu **Curso MAD360** y disfruta de los siguientes recursos:

- Técnicas de Memoria 360.
- MADTEST: Test nivel PRO.
- Temario en formato digital.
- Vídeos.
- Esquemas.
- Planificación de estudio.
- Foro entre opositores hasta la fecha del examen.*
- Recursos y novedades exclusivas.
- Consulta sobre la oposición y el proceso selectivo.
- Actualizaciones legislativas (Boletines Oficiales) hasta 60 días antes de la fecha del examen.*

Para acceder al Curso MAD360** será necesaria la compra de todos los libros para esta especialidad de la edición 2024.

Valida los códigos que encuentras en la última página de tus libros y disfruta de la experiencia MAD360.

Infórmate en: mad.es/registro-campus

NOTA IMPORTANTE:

* Examen de esta categoría profesional correspondiente a la convocatoria publicada en el BOPA núm. 122, de 24 de junio de 2024, o hasta el 31 de julio de 2025, lo que se cumpla antes.

** El acceso al CURSO MAD360 estará disponible desde agosto de 2024 (algunos recursos podrían estar disponibles en fecha posterior). Tendrá una duración de 365 días, desde la validación de códigos, o hasta el 31 de enero de 2026, lo que se cumpla antes.

MAD se reserva el derecho a ampliar dichas fechas.

Auxiliar Administrativo/a del Ayuntamiento de Oviedo

Test del temario

Autores

TERESA Mª TORRES FONSECA
Licenciada en Derecho

JOSÉ LUIS GARRIDO VELA
Licenciado en Derecho

CARLOS TOJEIRO ALCALÁ
Ingeniero Informático
Titulado MCP de Microsoft

SERGIO JIMENO MOLINS
Ingeniero Superior en Telecomunicaciones
Profesor de Educación Secundaria Obligatoria y Bachillerato

© 7 Editores Recursos para la Cualificación Profesional y el Empleo, S.L. (7 Editores)
© Los autores
Primera edición, julio 2024 (320 páginas)
Derechos de edición reservados a favor de 7 Editores
IMPRESO EN ESPAÑA
Diseño Portada: 7 Editores
Edita: 7 Editores
Avda. San Francisco Javier, 9 · Edificio Sevilla 2 · Planta 11 · Módulos 25-27 · 41018 Sevilla
Teléfono: 954 784 411 · WEB: www.mad.es · e-mail: administracion@7editores.com
ISBN: 978-84-142-8425-4
© "Editorial Mad" y "Eduforma" son nombres comerciales registrados de
7 Editores Recursos para la Cualificación Profesional y el Empleo, S.L.

Índice

Parte II

Parte I

TEST N.º 1

La Constitución Española de 1978: estructura y contenido. Derechos y deberes fundamentales. Su garantía y suspensión

1. ¿En qué se fundamenta la Constitución Española?

a) En un Estado social y democrático de Derecho.
b) En la indisoluble unidad de la Nación española.
c) En la independencia de los poderes del Estado.
d) En la organización territorial del Estado.

2. Según el artículo 3 de la CE, el castellano es la lengua oficial del Estado y todos los españoles:

a) Tienen el deber de usar y el derecho de conocer el castellano.
b) Tienen el derecho y el deber de conocer el castellano.
c) Tienen el deber de conocer y el derecho de usar el castellano.
d) Tienen el derecho de conocer y usar el castellano.

3. La Constitución Española reconoce y garantiza el derecho a la autonomía:

a) De las nacionalidades que la integran.
b) De las regiones que la integran.
c) De las Comunidades Autónomas que la integran.
d) De las nacionalidades y regiones que la integran.

4. El Preámbulo de la Constitución:

a) Tiene en sí carácter de norma jurídica.
b) Es una declaración de intenciones, destinada a interpretar lo que se quiere alcanzar con el contenido normativo de la Constitución.
c) Se trata de un texto sin fuerza jurídica de obligar.
d) Las respuestas b) y c) son correctas.

5. Señala la respuesta correcta, respecto de la aprobación, ratificación y publicación de la Constitución Española:

a) Aprobada por las Cortes el 31 de octubre de 1978, ratificada por el pueblo en referéndum el 6 de diciembre de 1978 y publicada el 29 de diciembre de 1978.
b) Aprobada por las Cortes el 30 de octubre de 1978, ratificada por el pueblo en referéndum el 16 de diciembre de 1978 y publicada el 27 de diciembre de 1978.
c) Aprobada por las Cortes el 31 de octubre de 1978, ratificada por el pueblo en referéndum el 16 de diciembre de 1978 y publicada el 29 de diciembre de 1978.
d) Aprobada por las Cortes el 10 de octubre de 1978, ratificada por el pueblo en referéndum el 26 de diciembre de 1978 y publicada el 30 de diciembre de 1978.

6. ¿En qué parte de la Carta Magna se establece la exposición de motivos que impulsan la norma constitucional y los objetivos que con ella se pretenden alcanzar?

a) En el Título Preliminar.
b) En el Preámbulo.
c) En el Título I.
d) En el Título II.

7. La Constitución Española fue sancionada por:

a) El Rey.
b) El Presidente del Congreso.
c) Las Cortes Generales.
d) El Presidente del Gobierno.

8. ¿Cuáles de los siguientes españoles de origen pueden ser privados de su nacionalidad?

a) Exclusivamente los miembros de grupos terroristas.
b) Los miembros de grupos terroristas y los que atenten contra el Rey u otro miembro de la Casa Real.
c) Los que atenten contra un miembro de la Familia Real o del Gobierno de la Nación.
d) Ningún español de origen podrá ser privado de su nacionalidad.

9. Según la CE son fundamentos del orden político y la paz social:

a) La dignidad de la persona, los derechos violables que les son inherentes y el respeto a la ley.
b) La dignidad de la persona, el desarrollo limitado de la personalidad y el respeto a la ley.
c) El respeto a la ley, a los reglamentos administrativos y demás disposiciones legales.
d) La dignidad de la persona, los derechos inviolables que le son inherentes, el libre desarrollo de su personalidad, el respeto a la ley y a los derechos de los demás.

10. ¿Cuál de los siguientes es considerado por la CE como uno de los valores superiores del ordenamiento jurídico?

a) La jerarquía normativa.
b) El pluralismo político.
c) La publicidad normativa.
d) La equidad.

11. La forma política del Estado español es:

a) Democracia parlamentaria.
b) Gobierno parlamentario.
c) Monarquía parlamentaria.
d) República democrática.

12. La parte de la CE que regula la estructura de los principales órganos del Estado recibe el nombre de:

a) Parte dogmática.
b) Parte orgánica.
c) Parte estatal.
d) Parte estructural.

13. Según la CE, la soberanía nacional:

a) Corresponde a las Cortes Generales, al estar compuestas por los representantes del pueblo.
b) Corresponde al Rey.
c) Reside en el pueblo español.
d) Corresponde al Gobierno de la Nación elegido directamente por el pueblo.

14. ¿En qué parte de la Carta Magna se señalan los valores superiores del ordenamiento jurídico?

a) En el Preámbulo.
b) En el Título Preliminar.
c) En el Título I.
d) Ninguna respuesta es correcta.

15. ¿Cuál de las siguientes es una de las características de nuestra Constitución de 1978?

a) Consensuada.
b) Corta.
c) Conservadora.
d) Originalidad.

16. Son el fundamento del orden político y de la paz social:

a) El libre desarrollo de la personalidad.
b) Los derechos inviolables que les son inherentes.
c) El respeto a la ley y a los derechos de los demás.
d) Todas las respuestas son correctas.

17. ¿Qué quedará excluido de extradición?

a) Los delitos criminales.
b) Los delitos políticos.
c) Los actos de terrorismo.
d) Ninguno.

18. ¿Qué debe ser democrático, a tenor de lo dispuesto en la Constitución Española, en los sindicatos de trabajadores y las asociaciones empresariales?

a) Su funcionamiento.
b) Su estructura interna.
c) Su funcionamiento y estructura interna.
d) Sus órganos asamblearios.

19. ¿De cuántos Capítulos consta el Título I de la CE de 1978?

a) De tres.
b) De cinco.
c) De dos.
d) De cuatro.

20. El principio en virtud del cual un Reglamento no puede contradecir una ley es el de:

a) Legalidad.
b) Jerarquía normativa.
c) Las respuestas a) y b) son correctas.
d) Seguridad jurídica.

21. Según la Constitución, una norma que imponga una nueva pena más leve para un delito:

a) No se aplica retroactivamente.
b) Puede aplicarse retroactivamente.
c) Ha de ser reglamentaria.
d) Atenta contra el principio de legalidad penal si se aplica retroactivamente.

22. Todos los españoles, respecto al castellano, tienen el:

a) Derecho-deber de conocerlo.
b) Derecho de usar y deber de conocerlo.
c) Derecho-deber de usarlo.
d) Nada de lo anterior.

23. La capital del Estado en España es:

a) La propia de cada Comunidad Autónoma.
b) La villa de Madrid.
c) Aquella donde se establezca en cada momento el Gobierno de la Nación.
d) Aquella en la que resida generalmente el Rey.

24. El Título de la Constitución que trata de la reforma constitucional es el:

a) Primero.
b) Décimo.
c) Noveno.
d) Undécimo.

25. Los principios rectores de la política social y económica se regulan en el siguiente Capítulo y Título de la Constitución:

a) Segundo del Primero.
b) Tercero del Primero.
c) Tercero del Preliminar.
d) Primero del Séptimo.

26. La justicia, según nuestra Constitución, es un/una:

a) Principio de nuestro ordenamiento jurídico.
b) Valor superior del anterior.
c) Manifestación del Estado democrático.
d) Todo lo anterior.

27. Un español de origen puede perder esta nacionalidad:

a) Por sanción administrativa.
b) Cuando libremente renuncie a la misma.
c) Por condena penal.
d) En ningún caso.

28. Constituye el fundamento del orden público y de la paz social, según la Constitución, el/la/los:

a) Derechos inviolables inherentes a la persona.
b) Estado social y democrático de Derecho.
c) Seguridad jurídica.
d) Justicia.

29. Las Comunidades Autónomas deben usar o instalar la bandera española:

a) En sus edificios.
b) En los actos oficiales.
c) Cuando lo solicite el Delegado del Gobierno de la Nación en las mismas.
d) Cuando lo estimen oportuno.

30. Deben tener una estructura interna y un funcionamiento democrático los/las:

a) Partidos Políticos.
b) Colegios Profesionales.
c) Organizaciones Profesionales.
d) Todos ellos.

31. La defensa de la integridad territorial de España se atribuye por la Constitución a/al/a las:

a) Fuerzas y Cuerpos de Seguridad.
b) Fuerzas Armadas.
c) Gobierno de la Nación.
d) Todas las anteriores.

32. El Título de la Constitución que trata de las relaciones entre el Gobierno y las Cortes Generales es el:

a) Cuarto.
b) Quinto.
c) Sexto.
d) Tercero.

33. La Constitución entró en vigor:

a) Al día siguiente de su publicación en el Boletín Oficial del Estado.
b) El 27 de diciembre de 1978.
c) El 29 de diciembre de 1978.
d) Al ser aprobada en la sesión conjunta por el Congreso de los Diputados y el Senado.

34. ¿En qué fecha aprobaron las Cortes Generales la Constitución Española?

a) El 31 de octubre de 1978.
b) El 6 de diciembre de 1978.
c) El 27 de diciembre de 1978.
d) El 29 de diciembre de 1978.

35. ¿Cuál de las siguientes no es una característica de la Carta Magna?

a) Su rigidez.
b) El establecimiento, como forma política del Estado, de la monarquía hereditaria.
c) Su codificación en un solo texto.
d) Su extensión.

36. ¿De cuántos artículos consta la Constitución Española de 1978?

a) De 154.
b) De 163.
c) De 169.
d) De 171.

37. ¿Cuál de los siguientes no es uno de los valores superiores de nuestro ordenamiento jurídico?

a) El pluralismo político.
b) La solidaridad.
c) La libertad.
d) La igualdad.

38. A tenor del artículo 11 de la Constitución, los españoles de origen podrán ser privados de su nacionalidad:

a) Cuando así lo determinen las leyes.
b) Cuando entren al servicio de las armas de un país extranjero.
c) Cuando así lo apruebe el Consejo de Ministros.
d) En ningún caso un español de origen podrá ser privado de su nacionalidad.

39. Las Cortes Generales, ¿en qué Título de nuestra Constitución se recogen?

a) En el Título II.
b) En el Título III.
c) En el Título IV.
d) En el Título VI.

40. Según la Disposición Final de nuestra Constitución, esta entrará en vigor:

a) Al día siguiente de su publicación en el Boletín Oficial del Estado.
b) A los veinte días de la publicación de su texto oficial en el Boletín Oficial del Estado.
c) El mismo día de la publicación de su texto oficial en el Boletín Oficial del Estado.
d) Al año de la publicación de su texto oficial en el Boletín Oficial del Estado.

41. El derecho a la propiedad en nuestra Constitución es un Derecho:

a) Inherente a la condición humana.
b) Absoluto.
c) Que está limitado por la función social de la misma.
d) Ninguna de las respuestas anteriores es correcta.

42. Dispone la Carta Magna que todos contribuirán al sostenimiento de los gastos públicos de acuerdo con su capacidad económica mediante un sistema tributario justo inspirado en los principios de:

a) Legalidad y equidad.
b) Igualdad y progresividad.
c) Publicidad y legalidad.
d) Eficacia y sostenibilidad.

43. En virtud del principio de progresividad tributaria:

a) Se implantarán paulatinamente cada vez mayores tributos.
b) Los tipos impositivos serán regresivos.
c) Prima el principio de igualdad en el pago de los tributos.
d) Nada de lo expuesto es cierto.

44. Según la Constitución, el Estado es:

a) Apolítico.
b) Aconfesional.
c) De bienestar social.
d) Federal.

45. El derecho a la vida se consagra en el siguiente artículo de la Constitución:

a) 10.
b) 16.
c) 15.
d) 24.

46. La pena de muerte en España:

a) Ha quedado abolida.
b) Puede aplicarse en cualquier momento.
c) Solo se aplicará, en tiempo de guerra, a los militares.
d) Rige solo en el ámbito civil.

47. La inmediata puesta a disposición judicial derivada del *habeas corpus*, se produce por:

a) Detención ilegal.
b) Prisión ilegal.
c) Prisión preventiva.
d) Detención preventiva.

48. El proceso en el que se enjuicie a un presunto delincuente debe:

a) Ser sumario.
b) No dilatarse.
c) Entorpecer los instrumentos probatorios.
d) Nada de lo anterior es cierto.

49. La entrada en un domicilio en caso de flagrante delito, sin autorización de su titular:

a) Puede dar lugar a la aplicación del habeas corpus.
b) Requiere autorización previa de la autoridad judicial.
c) Puede efectuarse en todo momento.
d) No puede realizarse en momento alguno.

50. Cuando, al conocerse la comisión de un delito por una persona, se acude a su domicilio para detenerla:

a) Está obligada a franquear la entrada.
b) Se necesitará autorización judicial para entrar, si no da su consentimiento para ello.
c) Pese a que no dé su consentimiento, se puede entrar.
d) Nada de lo anterior es correcto.

51. La autorización previa para celebrar una manifestación pública:

a) La da el Subdelegado del Gobierno en la Provincia.
b) Es ineludible.
c) Sería inconstitucional.
d) Se da cuando no se prevean alteraciones al orden público, con peligro para personas o bienes.

52. El tipo de sufragio que consagra la Constitución es el:

a) Proporcional.
b) Universal.
c) Censitario.
d) Las respuestas a) y b) son correctas.

53. Además de la no autoinculpación, la Constitución prevé que no se está obligado a declarar sobre un hecho presuntamente delictivo en caso de:

a) Parentesco y afinidad.
b) Cláusula de conciencia.
c) Secreto profesional.
d) Las respuestas a) y b) son correctas.

54. Los Tribunales de Honor están prohibidos respecto de los/la/las:

a) Sindicatos y Organizaciones Profesionales.
b) Administración Civil y Militar.
c) Organizaciones Profesionales y la Administración Civil.
d) Todas las respuestas anteriores son correctas.

55. ¿En qué artículos de nuestra CE se recogen los derechos fundamentales y de las libertades públicas?

a) En los artículos 10 a 43.
b) En los artículos 25 a 38.
c) En los artículos 31 a 45.
d) En los artículos 15 a 29.

56. La fundación de una Internacional Sindical por un sindicato español:

a) Es libre.
b) Está prohibida.
c) Debe plasmarse en un Tratado Internacional.
d) Nada de lo anterior es cierto.

57. El ejercicio del derecho de petición a través de una manifestación ciudadana:

a) No se admite.
b) Se admite en algún caso.
c) Se admite, salvo para los militares.
d) Ni se admite ni se prohíbe.

58. Nuestro sistema tributario ha de ser:

a) Regresivo e igualitario.
b) Progresivo y generalizado.
c) Confiscatorio.
d) Justo y regresivo.

59. Las Fundaciones son:

a) Entidades constituidas para fines de interés general.
b) Administración Corporativa.
c) Entidades privadas con fines de carácter también privado.
d) Asociaciones de personas para conseguir fines de interés general.

60. La asistencia de todo orden a los hijos habidos extraconyugalmente:

a) No está prevista en la Constitución.
b) Es un deber de los padres.
c) Se dispensará por Instituciones de Beneficencia.
d) Se dispensa solo a los que de ellos tengan discapacidad.

61. La especulación urbanística, según la Constitución:

a) Debe evitarse.
b) Está permitida.
c) Genera plusvalías para la colectividad.
d) Pueden hacerla los poderes públicos.

62. No es susceptible de recurso de amparo el derecho a la/de:

a) Sindicación.
b) Investigación científica.
c) Secreto de las comunicaciones.
d) Lo son todos ellos.

63. No es susceptible de recurso de amparo el derecho de:

a) Libertad de cátedra.
b) Negociación colectiva.
c) Manifestación.
d) Huelga.

64. Es susceptible de recurso de amparo el derecho a la/de:

a) Libre sindicación.
b) Petición.

c) Cláusula de conciencia.
d) Lo están todos ellos.

65. Una vez declarado el estado de excepción no se puede suspender el derecho/ libertad de:

a) Huelga.
b) Enseñanza.
c) Adopción de medidas de conflicto colectivo.
d) Libertad de circulación.

66. Durante el estado de excepción, un detenido conserva el derecho de/a:

a) Setenta y dos horas para ser puesto a disposición judicial.
b) Secreto de comunicaciones.
c) Asistencia de Letrado.
d) Ninguno de ellos.

67. Se puede suspender, con motivo de investigaciones relativas a bandas armadas, el derecho de:

a) Huelga.
b) Inviolabilidad del domicilio.
c) Libertad de circulación.
d) Las respuestas b) y c) son correctas.

68. Nuestra Constitución trata de los derechos y deberes fundamentales de los españoles en su Título I, denominado:

a) De los derechos y deberes fundamentales.
b) De los deberes de los españoles.
c) De los derechos de los españoles.
d) De los derechos y deberes principales de los españoles.

Solución al test n.º 1

1. b) En la indisoluble unidad de la Nación española.

2. c) Tienen el deber de conocer y el derecho de usar el castellano.

3. d) De las nacionalidades y regiones que la integran.

4. d) Las respuestas b) y c) son correctas.

5. a) Aprobada por las Cortes el 31 de octubre de 1978, ratificada por el pueblo en referéndum el 6 de diciembre de 1978 y publicada el 29 de diciembre de 1978.

6. b) En el Preámbulo.

7. a) El Rey.

8. d) Ningún español de origen podrá ser privado de su nacionalidad.

9. d) La dignidad de la persona, los derechos inviolables que le son inherentes, el libre desarrollo de su personalidad, el respeto a la ley y a los derechos de los demás.

10. b) El pluralismo político.

11. c) Monarquía parlamentaria.

12. b) Parte orgánica.

13. c) Reside en el pueblo español.

14. b) En el Título Preliminar.

15. a) Consensuada.

16. d) Todas las respuestas son correctas.

17. b) Los delitos políticos.

18. c) Su funcionamiento y estructura interna.

19. b) De cinco.

20. c) Las respuestas a) y b) son correctas.

21. b) Puede aplicarse retroactivamente.

22. b) Derecho de usar y deber de conocerlo.

23. b) La villa de Madrid.

24. b) Décimo.

25. b) Tercero del Primero.

26. b) Valor superior del anterior.

27. b) Cuando libremente renuncie a la misma.

28. a) Derechos inviolables inherentes a la persona.

29. b) En los actos oficiales.

30. d) Todos ellos.

31. b) Fuerzas Armadas.

32. b) Quinto.

33. c) El 29 de diciembre de 1978.

34. a) El 31 de octubre de 1978.

35. b) El establecimiento, como forma política del Estado, de la monarquía hereditaria.

36. c) De 169.

37. b) La solidaridad.

38. d) En ningún caso un español de origen podrá ser privado de su nacionalidad.

39. b) En el Título III.

40. c) El mismo día de la publicación de su texto oficial en el Boletín Oficial del Estado.

41. c) Que está limitado por la función social de la misma.

42. b) Igualdad y progresividad.

43. d) Nada de lo expuesto es cierto.

44. b) Aconfesional.

45. c) 15.

46. a) Ha quedado abolida.

47. a) Detención ilegal.

48. b) No dilatarse.

49. c) Puede efectuarse en todo momento.

50. b) Se necesitará autorización judicial para entrar, si no da su consentimiento para ello.

51. c) Sería inconstitucional.

52. b) Universal.

53. c) Secreto profesional.

54. c) Organizaciones Profesionales y la Administración Civil.

55. d) En los artículos 15 a 29.

56. a) Es libre.

57. a) No se admite.

58. b) Progresivo y generalizado.

59. a) Entidades constituidas para fines de interés general.

60. b) Es un deber de los padres.

61. a) Debe evitarse.

62. b) Investigación científica.

63. b) Negociación colectiva.

64. d) Lo están todos ellos.

65. b) Enseñanza.

66. c) Asistencia de Letrado.

67. b) Inviolabilidad del domicilio.

68. a) De los derechos y deberes fundamentales.

TEST N.º 2

El Poder Legislativo. Las Cortes Generales. Composición, elección y disolución. Atribuciones. Regulación y funcionamiento de las Cámaras: los Reglamentos parlamentarios

1. El Presidente de la Diputación Permanente del Congreso de los Diputados es el:

a) Del partido mayoritario.
b) Portavoz del partido con mayor número de escaños.
c) Presidente de la Cámara.
d) Elegido por los Portavoces de los Grupos Parlamentarios.

2. El mínimo de miembros integrantes de una Comisión de Investigación según el artículo 76 de la Constitución es de:

a) Veintiuno.
b) Mayoría simple.
c) Mayoría absoluta.
d) No se establece.

3. No puede solicitar la celebración de una sesión extraordinaria de las Cortes Generales el/la:

a) Mayoría absoluta de sus miembros.
b) Diputación Permanente de ellas.
c) Mesa de cada Cámara.
d) Gobierno de la Nación.

4. El primer período de sesiones de las Cámaras concluye, según la Constitución:

a) Al finalizar su mandato.
b) En enero.
c) En diciembre.
d) En junio.

5. No puede delegarse en una Comisión Legislativa Permanente la posibilidad de aprobar una Ley:

a) Tributaria.
b) De funcionarios públicos.
c) Orgánica.
d) Las respuestas a) y c) son correctas.

6. ¿Quién proveerá a la sucesión en la Corona en la forma que más convenga a los intereses de España cuando estén extinguidas todas las líneas llamadas en Derecho?

a) El Presidente del Gobierno.
b) El Senado.
c) El Congreso de los Diputados.
d) Las Cortes Generales.

7. Si no hubiere ninguna persona a quien corresponda la Regencia, esta será nombrada por las Cortes Generales, y se compondrá de:

a) Una única persona.
b) Una o dos personas.
c) Una, tres o cinco personas.
d) De tres a seis personas.

8. ¿De qué plazo dispone el Rey para sancionar las leyes aprobadas por las Cortes Generales?

a) Lo más rápido posible, con un máximo de 48 horas.
b) Un semana.
c) Quince días.
d) Un mes.

9. ¿Por cuántos Diputados estarán representadas las poblaciones de Ceuta y Melilla?

a) Cada una de ellas por un Diputado.
b) Cada una de ellas por dos Diputados.
c) Ceuta por dos y Melilla por uno.
d) Melilla por dos Diputados y Ceuta por uno solo.

10. Señala la respuesta incorrecta respecto al Senado:

a) Las poblaciones de Ceuta y Melilla elegirán cada una de ellas dos Senadores.
b) En cada Provincia se elegirán cuatro Senadores por sufragio universal, libre, igual, directo y secreto por los votantes de cada una de ellas.

c) El Senado es la Cámara de representación territorial.

d) Las Comunidades Autónomas designarán, además, un Senador y otro más por cada medio millón de habitantes de su respectivo territorio.

11. ¿Qué Título de nuestra CE se dedica a la Corona?

a) El Título III.
b) El Título IV.
c) El Título I.
d) El Título II.

12. ¿Con qué norma se restauró el sistema bicameral en España?

a) Con la Constitución de la I República.
b) Con la Ley 1/1977, de 4 de enero, para la Reforma Política.
c) Con la Ley 5/1981, de 3 de mayo, para la Reforma Constitucional.
d) Con la Constitución de 1978.

13. ¿Qué potestad/es ejercen las Cortes Generales?

a) La potestad ejecutiva del Estado.
b) La potestad legislativa y ejecutiva del Estado.
c) La potestad reglamentaria del Estado.
d) La potestad legislativa del Estado.

14. Las Cámaras pueden recibir peticiones:

a) Individuales y colectivas, siempre por escrito.
b) Individuales y colectivas, excepcionalmente por escrito.
c) Solo individuales pero siempre por escrito.
d) Solo colectivas, pero nunca por escrito.

15. Las sesiones plenarias de las Cámaras serán:

a) Siempre públicas.
b) Siempre secretas.
c) Públicas, salvo acuerdo en contrario de cada Cámara, adoptado por mayoría absoluta.
d) Secretas, salvo acuerdo en contrario de cada Cámara, adoptado por mayoría absoluta.

Solución al test n.º 2

1. c) Presidente de la Cámara.

2. d) No se establece comunicado al Ministerio Fiscal para el ejercicio, cuando proceda, de las acciones oportunas.

3. c) Mesa de cada Cámara se sobre un orden del día determinado y serán clausuradas una vez que este haya sido agotado.

4. c) En diciembre.

5. c) Orgánica.

6. d) Las Cortes Generales.

7. c) Una, tres o cinco personas.

8. c) Quince días.

9. a) Cada una de ellas por un Diputado.

10. d) Las Comunidades Autónomas designarán, además, un Senador y otro más por cada medio millón de habitantes de su respectivo territorio.

11. d) El Título II.

12. b) Con la Ley 1/1977, de 4 de enero, para la Reforma Política.

13. d) La potestad legislativa del Estado.

14. a) Individuales y colectivas, siempre por escrito.

15. c) Públicas, salvo acuerdo en contrario de cada Cámara, adoptado por mayoría absoluta.

TEST N.º 3

El Estado autonómico. Naturaleza jurídica y principios. Las formas de acceso a la autonomía en la Constitución Española. El proceso autonómico: configuración inicial y reformas. El Estatuto de Autonomía del Principado de Asturias

1. Según la Constitución, las Entidades que forman parte de la organización territorial del Estado tienen la nota común de:

a) Autogobierno.
b) Independencia.
c) Autonomía.
d) Financiación propia.

2. La titularidad de la soberanía española radica en el/las:

a) Cortes Generales como representantes del pueblo español.
b) Rey como Jefe del Estado.
c) Pueblo mismo.
d) Nacionalidades y regiones que integran España.

3. No pueden constituirse en Comunidades Autónomas los territorios:

a) Que no estén integrados en la organización provincial.
b) Que, no siendo superiores a una Provincia, tengan entidad regional histórica.
c) Que, no siendo superiores a una Provincia, no tengan entidad regional histórica.
d) Interinsulares.

4. La vía ordinaria de acceso a la autonomía por el artículo 143 de la Constitución se sigue por los/las:

a) Provincias con entidad regional histórica.
b) Territorios que en el pasado hubieren plebiscitado afirmativamente proyecto de Estatuto de Autonomía.
c) Provincia sin entidad regional histórica directamente.
d) Supuestos especiales de Ceuta, Melilla y Gibraltar.

5. Entre las determinaciones de los Estatutos de Autonomía no es necesario incluir la:

a) Delimitación de su territorio.
b) Denominación de las instituciones autónomas propias.
c) Denominación de la Comunidad.
d) Denominación, organización y sede de sus instituciones administrativas.

6. En las Comunidades Autónomas que siguen la vía común, el Proyecto de Estatuto será elaborado por la/los:

a) Asamblea de Parlamentarios que se constituye al efecto.
b) Comisión Constitucional del Congreso de los Diputados.
c) Diputación Provincial correspondiente.
d) Miembros de la Diputación u órgano interinsular y por los Diputados y Senadores elegidos por ellas.

7. El voto de ratificación por los Plenos del Senado y del Congreso de los Diputados se dará en el/las:

a) Comunidades Autónomas que siguen la vía común.
b) Comunidades Autónomas que siguen la vía especial.
c) Acceso a la autonomía de Ceuta y Melilla.
d) Acceso a la autonomía de Gibraltar.

8. La responsabilidad política del Presidente de una Comunidad Autónoma se exige por el/la:

a) Sala de lo Penal del Tribunal Supremo.
b) Congreso de los Diputados.
c) Tribunal Superior de Justicia de la Comunidad Autónoma.
d) Asamblea Legislativa de la Comunidad Autónoma.

9. La Asamblea Legislativa de las Comunidades Autónomas se elige:

a) Con criterios de representación territorial.
b) Con criterios de representación proporcional.
c) Por sufragio individual.
d) Con criterios de representación provincial.

10. Con el fin de corregir los desequilibrios económicos interterritoriales y hacer efectivo el principio de solidaridad, se constituye:

a) El Fondo de Compensación Interterritorial.
b) El Comité Económico Interterritorial.

c) El Consejo de Política Fiscal y Financiera.
d) El FASI.

11. Los Estatutos de Autonomía deberán contener el/la/las:

a) Competencias que se dejan al Estado y las que asume la Comunidad.
b) Competencias que, en función de la Constitución, asume cada Comunidad Autónoma.
c) Desarrollo de la Administración Autonómica.
d) División provincial y órganos de gobierno.

12. En la reforma de los Estatutos intervienen las Cortes Generales:

a) Siempre.
b) Nunca.
c) Solo cuanto se trata de Comunidades Autónomas que accedieron por la vía común.
d) En las Comunidades Autónomas de vía especial exclusivamente.

13. Los miembros de las Diputaciones u órganos interinsulares intervienen en la elaboración de los Estatutos de Autonomía:

a) En todo caso.
b) Nunca.
c) En las Comunidades Autónomas de vía común.
d) En las Comunidades Autónomas de vía especial.

14. Los Estatutos de Autonomía en la vía común se aprueban por el:

a) Congreso de los Diputados mediante ley orgánica.
b) Congreso de los Diputados y Senado por ley orgánica.
c) Congreso de los Diputados y Senado por ley ordinaria.
d) Parlamento Autonómico solamente.

15. La más alta representación de una Comunidad Autónoma la ostenta el:

a) Presidente del Parlamento Autonómico.
b) Presidente de la Comunidad Autónoma.
c) Rey.
d) Presidente del Gobierno de la Nación.

16. La asunción de competencias y de mayor autonomía por las Comunidades Autónomas es, como regla general:

a) Regresiva.
b) Progresiva.
c) Automática.
d) Inmediata.

17. En la elaboración por la vía común de los Estatutos de Autonomía:

a) No intervienen los Municipios afectados.
b) Intervendrán en todo caso.
c) Solo intervienen las Diputaciones Provinciales u órganos interinsulares.
d) Solo intervienen los Municipios y los Diputados y Senadores.

18. El principio de solidaridad consagrado por el artículo 138 de la Constitución exige una atención especial a:

a) Las Comunidades Autónomas de economía más deprimida.
b) Las Entidades de ámbito territorial inferior al municipal.
c) Todas las partes del territorio nacional.
d) Las Islas.

19. La federación de Comunidades Autónomas, según la Constitución:

a) Solo se permite respecto de las limítrofes.
b) Requiere Ley Orgánica de las Cortes Generales.
c) Ha de efectuarse previa reforma de la propia Constitución.
d) Está absolutamente prohibida.

20. La Comunidad Autónoma del Principado de Asturias se constituyó a través de la vía:

a) Del artículo 151 CE.
b) Del artículo 155 CE.
c) De la Ley Orgánica 1/1999.
d) Del artículo 143 CE.

21. Indica la respuesta correcta respecto a las siguientes afirmaciones que se regulan en el Estatuto de Autonomía del Principado de Asturias:

a) El término del Concejo coincide con la tradicional Parroquia rural.
b) Todas las instituciones oficiales del Principado de Asturias se encuentran en Oviedo.
c) El himno de la Comunidad Autónoma del Principado de Asturias es la canción "Asturias, Patria querida".
d) El Bable es el idioma oficial del Principado de Asturias.

22. El municipio asturiano coincide con la denominación tradicional de:

a) Parroquia.
b) Área metropolitana.
c) Comarca.
d) Concejo.

23. Según el Estatuto de Autonomía de Asturias, gozan de la condición política de asturianos:

a) Cualquiera que tenga vecindad en alguno de los Concejos de Asturias.
b) Los nacidos en Asturias, cualquiera que sea el lugar donde residan.
c) Los ciudadanos españoles que tengan vecindad administrativa en el territorio de la Comunidad.
d) Quienes hayan nacido en Asturias y acrediten esta condición en cualquier Administración Pública de España.

24. La ordenación del territorio y del litoral, urbanismo y vivienda en el territorio del Principado de Asturias es una competencia:

a) Exclusivamente estatal.
b) Exclusivamente autonómica.
c) De ejecución de la Comunidad Autónoma.
d) Estatal, en cuanto al régimen básico, y autonómica en su desarrollo y ejecución.

25. Es competencia exclusiva del Principado de Asturias:

a) El turismo, deporte y ocio.
b) Sanidad e higiene.
c) Régimen minero y energético.
d) Propiedad intelectual e industrial.

26. En el marco de la legislación básica del Estado y, en su caso, en los términos que la misma establezca, corresponde solamente al Principado de Asturias el desarrollo legislativo y la ejecución de la materia correspondiente a:

a) Artesanía.
b) Espectáculos públicos.
c) Régimen minero y energético.
d) Organización, régimen y funcionamiento de sus instituciones de autogobierno.

27. La competencia en materia de transporte de mercancías y viajeros que tengan su origen y destino en el territorio del Principado de Asturias, es:

a) Exclusiva de la Comunidad Autónoma.
b) Compartida tanto en cuanto a la legislación básica como al desarrollo.
c) Compartida en cuanto a su desarrollo por la Comunidad.
d) Solamente de ejecución de la legislación estatal.

28. En el ejercicio de sus competencias, el Principado de Asturias gozará de las potestades y privilegios propios de la Administración del Estado, excepto:

a) La potestad sancionadora.
b) La inembargabilidad de sus bienes y derechos.

c) La potestad expropiatoria.
d) La potestad para dictar leyes orgánicas.

29. En materia de educación, corresponde a la Comunidad Autónoma de Asturias la competencia:

a) Exclusiva.
b) De desarrollo de la legislación básica estatal exclusivamente.
c) De desarrollo legislativo y ejecución.
d) De ejecución solamente.

30. Los convenios de cooperación del Principado de Asturias con otras Comunidades Autónomas exigirá:

a) La mera autorización del Gobierno del Estado.
b) La aprobación de las Cortes Generales.
c) La autorización de las Cortes Generales.
d) La comunicación a las Cortes Generales.

31. No es competencia de la Junta General del Principado de Asturias, según el Estatuto de Autonomía:

a) Ostentar la suprema representación del Principado.
b) Aprobar el programa del Consejo de Gobierno.
c) Ejercitar la iniciativa legislativa.
d) Elegir al Presidente del Principado de Asturias.

32. Según el Estatuto de Autonomía del Principado de Asturias, la competencia para interponer recursos de inconstitucionalidad y personarse ante el Tribunal Constitucional, la ostenta:

a) El Consejo de Gobierno.
b) La Junta General.
c) El Presidente del Principado de Asturias.
d) Los Diputados electos por el Principado de Asturias en el Congreso de los Diputados de España.

33. Conforme al Estatuto de Autonomía del Principado de Asturias, las disposiciones del Consejo de Gobierno que contienen legislación delegada reciben el título de:

a) Decretos legislativos.
b) Decretos Leyes.
c) Leyes orgánicas.
d) Reglamentos.

34. La Junta General del Principado de Asturias podrá delegar en el Consejo de Gobierno la potestad de:

a) Aprobar las leyes presupuestarias.
b) Dictar leyes y Acuerdos, siempre que estos requieran para su aprobación de mayoría cualificada.
c) Dictar Acuerdos pero no leyes.
d) Dictar normas con rango de ley.

35. La delegación legislativa que realice la Junta General del Principado de Asturias será siempre en favor de:

a) Su Consejo de Gobierno.
b) Su Presidente.
c) Cualquier autoridad de la Comunidad Autónoma.
d) Cualquiera de los miembros que la componen.

36. Según el Estatuto de Autonomía de Asturias, la delegación legislativa cuyo objeto sea la formación de textos articulados deberá otorgarse mediante:

a) Decreto legislativo.
b) Ley de bases.
c) Ley ordinaria.
d) Cualquier disposición, sin forma concreta.

37. Y cuando la delegación legislativa trate de refundir varios textos legales en uno solo, se hará mediante:

a) Acuerdo.
b) Ley de bases.
c) Ley ordinaria.
d) Decreto legislativo.

38. La facultad para oponerse a la tramitación por la Junta General del Principado de Asturias de una proposición de ley o una enmienda contraria a una delegación legislativa en vigor, corresponde:

a) Al Presidente del Principado de Asturias.
b) Al Consejo de Gobierno.
c) A la Junta de Gobierno.
d) Al Presidente y a la Junta de Gobierno, según los casos.

39. Según el Estatuto de Autonomía del Principado de Asturias, el número de miembros que componen la Junta General será de:

a) Entre 35 y 45.
b) Entre 39 y 41.

c) 30.

d) 45 más dos por cada circunscripción electoral.

40. La disolución anticipada al término natural de la legislatura de la Junta General será acordada por Decreto que dicte:

a) El Presidente de la Mesa de la Cámara.

b) El Consejo de Gobierno, por mayoría de dos tercios de sus miembros.

c) El Presidente del Principado de Asturias.

d) La propia Junta General.

41. Señala la respuesta incorrecta respecto al momento en el que no se podrá acordar por Decreto la disolución de la Junta General del Principado de Asturias:

a) Durante el primer período de sesiones de la legislatura.

b) Si se encuentra en tramitación una cuestión de confianza.

c) Cuando reste menos de un año para la terminación de la legislatura.

d) Antes de que transcurra el plazo de un año desde la última disolución.

42. Por regla general, las elecciones convocadas por el Presidente del Principado de Asturias se celebran:

a) Siempre el cuarto domingo de mayo de cada cuatro años.

b) Una vez, al menos, cada cuatro años.

c) Dentro de los quince días siguientes a la convocatoria de elecciones.

d) El cuarto domingo de mayo del año siguiente a la disolución de la Cámara.

43. El Tribunal competente para el conocimiento de los posibles actos delictivos cometidos por miembros de la Junta General del Principado de Asturias en el territorio de la Comunidad es:

a) El Tribunal Superior de Justicia de Asturias.

b) La Audiencia Nacional.

c) El Tribunal Supremo.

d) La Sala de lo Penal del Tribunal Constitucional.

44. ¿Cuántos periodos de sesiones ordinarias anuales celebra la Junta General del Principado de Asturias?

a) Tres.

b) Cuatro.

c) Dos.

d) Uno.

45. ¿A quiénes de los siguientes no se les reconoce estatutariamente legitimación para solicitar la celebración de una sesión extraordinaria de la Junta General de Asturias?

a) Al Consejo de Gobierno.
b) Al Presidente del Principado de Asturias.
c) A la Diputación Permanente.
d) A la cuarta parte de sus miembros.

46. La Junta General del Principado funciona:

a) En Comisión permanente y en Comisión especial.
b) En Diputación permanente, especial y de Investigación.
c) En Pleno y en Diputación permanente o de investigación.
d) En Pleno y en Comisiones, sean permanentes o especiales.

47. Cuando la Junta General del Principado no esté reunida o hubiere expirado su mandato, su actividad se encomienda a:

a) La Mesa de la misma.
b) Su Consejo de Gobierno.
c) La Comisión Permanente.
d) La Diputación Permanente.

48. Transcurrido el plazo de dos meses a partir de la constitución de la Junta General del Principado de Asturias sin que ningún candidato a Presidente hubiera sido elegido:

a) Se nombrará provisionalmente al que haya obtenido más votos.
b) Se disolverá la Cámara y se convocarán nuevas elecciones.
c) Se celebrará nueva votación en el que se elegirá al que obtenga mayoría simple.
d) Se designará al miembro más antiguo de la Cámara.

49. No es función del Presidente del Principado de Asturias:

a) Ser Presidente del Consejo de Gobierno.
b) Ostentar la representación ordinaria del Estado en la Comunidad Autónoma.
c) Designar y separar a los consejeros.
d) Ejercitar la iniciativa legislativa.

50. La cuestión de confianza al Presidente del Principado de Asturias exige para su aprobación:

a) La mayoría absoluta de los miembros de la Cámara.
b) La mayoría simple de los miembros de la Junta.

c) La aceptación del 15% de los miembros de la Junta General.
d) La mayoría simple de los miembros del consejo de Gobierno.

51. La negativa a la cuestión de confianza planteada por el Presidente del Principado de Asturias:

a) Exigirá la presentación inmediata de una moción de censura para la investidura de nuevo Presidente.
b) Conllevará la dimisión de aquel.
c) Determina automáticamente el cese del mismo.
d) Supone la disolución de la Junta General.

52. Si la Junta General adoptara una moción de censura contra el Presidente del Principado, el candidato incluido en aquella e investido de la confianza de la Junta será nombrado:

a) Por el Rey.
b) Por su Consejo de Gobierno.
c) Por la Comisión Permanente.
d) Por la Diputación Permanente.

53. La moción de censura contra el Presidente del Principado de Asturias:

a) No podrá presentarse hasta no transcurra un año desde que se denegó la última.
b) Ha de ser propuesta por un 15% de los miembros de la Cámara y aprobada por mayoría absoluta.
c) No puede plantearse mientras se encuentre en trámite una cuestión de confianza.
d) Determina, de ser aprobada, el cese inmediato del Consejo de Gobierno.

54. El examen y comprobación de la Cuenta General del Principado Asturias es competencia del/la:

a) Junta General.
b) Consejo de Gobierno.
c) Sindicatura de Cuentas.
d) Consejo Consultivo.

55. El Consejo Consultivo del Principado de Asturias:

a) Es la institución que ejerce como defensor del pueblo asturiano.
b) Es el órgano superior consultivo de la Comunidad Autónoma.
c) Depende directamente del Presidente del Principado.
d) Es la institución que controla el correcto uso de la delegación competencial que realice la Junta General.

56. El máximo órgano jurisdiccional en el ámbito territorial del Principado de Asturias es:

a) El Tribunal Constitucional.
b) El Tribunal Supremo.
c) El Tribunal Superior de Justicia del Principado de Asturias.
d) El Tribunal de Justicia de la Unión Europea.

57. La gestión, liquidación, recaudación, inspección y revisión, en su caso, de los impuestos del Estado cedidos y recaudados en Asturias corresponde:

a) Al Principado de Asturias, por delegación.
b) Al Estado.
c) Al Estado, pero con la colaboración de la agencia tributaria de la Comunidad.
d) Al Principado de Asturias con plenas y originarias atribuciones.

58. El máximo órgano jurisdiccional en el ámbito territorial del Principado de Asturias es:

a) El Tribunal Constitucional.
b) El Tribunal Supremo.
c) El Tribunal Superior de Justicia del Principado de Asturias.
d) El Tribunal de Justicia de la Unión Europea.

59. La aprobación de los presupuestos del Principado de Asturias corresponde:

a) Al Consejo de Gobierno.
b) A la Junta de Gobierno.
c) A la Junta General.
d) Al Presidente.

60. La iniciativa para la reforma del Estatuto de Autonomía del Principado de Asturias la ostenta:

a) Una cuarta parte de los miembros de la Junta General y dos tercios de los municipios asturianos.
b) El Consejo de Gobierno.
c) El Gobierno del Estado y las Cortes Generales.
d) Todos los anteriores.

61. La institución del Principado de Asturias que ejerce la representación del pueblo asturiano y en la que reside la potestad legislativa es:

a) El Consejo de Gobierno.
b) El Presidente del Principado de Asturias.
c) La Junta General.
d) El Concejo.

Solución al test n.º 3

1. c) Autonomía.

2. c) Pueblo mismo.

3. d) Interinsulares.

4. a) Provincias con entidad regional histórica.

5. d) Denominación, organización y sede de sus instituciones administrativas.

6. d) Miembros de la Diputación u órgano interinsular y por los Diputados y Senadores elegidos por ellas.

7. b) Comunidades Autónomas que siguen la vía especial.

8. d) Asamblea Legislativa de la Comunidad Autónoma.

9. b) Con criterios de representación proporcional.

10. a) El Fondo de Compensación Interterritorial.

11. b) Competencias que, en función de la Constitución, asume cada Comunidad Autónoma.

12. a) Siempre.

13. c) En las Comunidades Autónomas de vía común.

14. b) Congreso de los Diputados y Senado por ley orgánica.

15. b) Presidente de la Comunidad Autónoma.

16. b) Progresiva.

17. a) No intervienen los Municipios afectados.

18. d) Las Islas.

19. d) Está absolutamente prohibida.

20. d) Del artículo 143 CE.

21. c) El himno de la Comunidad Autónoma del Principado de Asturias es la canción "Asturias, Patria querida".

22. d) Concejo.

23. c) Los ciudadanos españoles que tengan vecindad administrativa en el territorio de la Comunidad.

24. b) Exclusivamente autonómica.

25. a) El turismo, deporte y ocio.

26. c) Régimen minero y energético.

27. d) Solamente de ejecución de la legislación estatal.

28. d) La potestad para dictar leyes orgánicas.

29. c) De desarrollo legislativo y ejecución.

30. c) La autorización de las Cortes Generales.

31. a) Ostentar la suprema representación del Principado.

32. b) La Junta General.

33. a) Decretos legislativos.

34. d) Dictar normas con rango de ley.

35. a) Su Consejo de Gobierno.

36. b) Ley de bases.

37. c) Ley ordinaria.

38. b) Al Consejo de Gobierno.

39. a) Entre 35 y 45.

40. c) El Presidente del Principado de Asturias.

41. b) Si se encuentra en tramitación una cuestión de confianza.

42. b) Una vez, al menos, cada cuatro años.

43. a) El Tribunal Superior de Justicia de Asturias.

44. c) Dos.

45. b) Al Presidente del Principado de Asturias.

46. d) En Pleno y en Comisiones, sean permanentes o especiales.

47. d) La Diputación Permanente.

48. b) Se disolverá la Cámara y se convocarán nuevas elecciones.

49. d) Ejercitar la iniciativa legislativa.

50. b) La mayoría simple de los miembros de la Junta.

51. b) Conllevará la dimisión de aquel.

52. a) Por el Rey.

53. b) Ha de ser propuesta por un 15% de los miembros de la Cámara y aprobada por mayoría absoluta.

54. c) Sindicatura de Cuentas.

55. b) Es el órgano superior consultivo de la Comunidad Autónoma.

56. c) El Tribunal Superior de Justicia del Principado de Asturias.

57. a) Al Principado de Asturias, por delegación.

58. c) El Tribunal Superior de Justicia del Principado de Asturias.

59. c) A la Junta General.

60. d) Todos los anteriores.

61. c) La Junta General.

TEST N.º 4

El acto administrativo: concepto, clases y elementos. Eficacia y validez de los actos administrativos. Su motivación y notificación. Revisión, anulación y revocación. Rectificación de errores materiales o de hecho

1. Los actos deben motivarse:

a) Siempre.
b) Nunca.
c) Cuando decidan un procedimiento.
d) Cuando la ley lo prescriba.

2. No tienen por qué motivarse los actos que:

a) Resuelvan recursos.
b) Limiten derechos subjetivos.
c) Se separen del dictamen de órganos consultivos.
d) Todos los anteriores deben motivarse.

3. En la notificación de todo acto administrativo no es necesario que conste siempre:

a) Su texto íntegro.
b) Los recursos que contra el mismo procedan.
c) Los motivos en que se basa la decisión.
d) El plazo de interposición de los recursos.

4. ¿En qué supuestos la notificación se hará por medio de un anuncio publicado en el Boletín Oficial del Estado?

a) Cuando se ignore el lugar de la notificación.
b) Cuando los interesados en un procedimiento sean conocidos.
c) Cuando intentada la notificación, no se hubiera podido practicar.
d) Las respuestas a) y c) son correctas.

5. Para que un acto tenga eficacia retroactiva es necesario que:

a) Limite derechos de los particulares.
b) Restrinja el ejercicio de facultades de los particulares.
c) Imponga deberes u obligaciones.
d) No se lesionen derechos de otras personas.

6. La presunción de legitimidad de los actos administrativos:

a) No admite prueba en contrario.
b) Dependerá de lo que el propio acto establezca.
c) Puede ser objeto de impugnación por el particular.
d) Solo se da cuando la ley expresamente lo diga.

7. Cuando la notificación se practique en el domicilio del interesado, de no hallarse presente, podrá hacerse cargo de la misma cualquier persona que se encuentre en el domicilio, haga constar su identidad y sea:

a) Mayor de catorce años.
b) Mayor de dieciséis años.
c) Mayor de dieciocho años.
d) Mayor de veintiún años.

8. Cuando el Delegado Provincial de una Consejería de una Comunidad Autónoma de una Provincia concreta resuelve un recurso administrativo en materia propia de la Delegación Provincial de otra Consejería de distinta Provincia, incurre en una incompetencia:

a) Funcional y jerárquica.
b) Territorial y jerárquica.
c) Funcional y territorial.
d) Territorial exclusivamente.

9. Cuando el acto administrativo presenta un vicio que no le hace incurrir en nulidad absoluta ni en anulabilidad, se considera:

a) Irregular.
b) Defectuoso.
c) Inválido.
d) Viciado.

10. Cuando la notificación por medios electrónicos sea de carácter obligatorio, se entenderá rechazada cuando:

a) Hayan transcurrido veinte días naturales desde la puesta a disposición de la notificación sin que se acceda a su contenido.
b) Hayan transcurrido diez días naturales desde la puesta a disposición de la notificación sin que se acceda a su contenido.

c) Hayan transcurrido diez días hábiles desde la puesta a disposición de la notificación sin que se acceda a su contenido.

d) Hayan transcurrido veinte días hábiles desde la puesta a disposición de la notificación sin que se acceda a su contenido.

11. Señala la respuesta incorrecta. Los actos administrativos serán objeto de publicación:

a) Cuando así lo establezcan las normas reguladoras de cada procedimiento.

b) Cuando lo aconsejen razones de interés público apreciadas por el órgano competente.

c) Cuando el acto tenga por destinatario a una pluralidad indeterminada de personas.

d) Siempre.

12. La notificación de un acto administrativo:

a) Suspende su eficacia hasta que se efectúe tratándose de actos generales.

b) No impide su ejecutividad una vez efectuada.

c) Suspende su eficacia una vez realizada.

d) Ha de hacerse con todo tipo de actos.

13. Los supuestos de nulidad absoluta de actos administrativos:

a) Son la regla general en nuestro Derecho.

b) Son los recogidos en el artículo 47 de la Ley 39/2015, de 1 de octubre, del Procedimiento Administrativo Común de las Administraciones Públicas, exclusivamente.

c) Pueden establecerse expresamente por una disposición con rango de ley.

d) Son solo los del artículo 47 citado y de otras leyes formales.

14. Los defectos formales en un acto, según reconoce expresamente la ley:

a) Lo vician con nulidad absoluta.

b) Lo vician con anulabilidad en todo caso.

c) Pueden dar lugar a la nulidad absoluta si producen indefensión.

d) Pueden dar lugar a la anulabilidad si producen indefensión.

15. La Administración Pública podrá convalidar un acto:

a) Si el vicio consiste en incompetencia jerárquica.

b) Si el vicio consiste en incompetencia funcional.

c) Si el vicio consiste en incompetencia territorial.

d) En ninguno de los anteriores casos.

16. La Administración Pública no podrá convalidar un acto si el vicio consiste en:

a) Incompetencia jerárquica.

b) La falta de una autorización.

c) Incompetencia funcional.

d) La omisión de un informe facultativo.

17. Señala la respuesta incorrecta. La eficacia del acto administrativo puede cesar definitivamente por:

a) El incumplimiento de la condición resolutoria a que pudiera estar sujeto.
b) El transcurso del plazo señalado en el acto, si estaba limitado en el tiempo.
c) La anulación o revocación del propio acto.
d) La desaparición de los presupuestos de hecho que motivaron que se dictase.

18. El procedimiento, que es la vía a través de la cual se elabora la declaración de voluntad, deseo, conocimiento o juicio de la Administración, en que consiste el acto, es un elemento del acto administrativo de tipo:

a) Objetivo.
b) Subjetivo.
c) Formal.
d) Accidental.

19. Serán motivados, con sucinta referencia de hechos y fundamentos de Derecho:

a) Los actos que se separen del criterio seguido en actuaciones precedentes o del dictamen de órganos consultivos.
b) Los actos que limiten derechos subjetivos o intereses legítimos.
c) Los actos que resuelvan procedimientos de revisión de oficio de disposiciones o actos administrativos, recursos administrativos y procedimientos de arbitraje y los que declaren su inadmisión.
d) Todas las respuestas son correctas.

20. Según pongan fin al expediente administrativo o formen parte del mismo, como una fase del mismo, sin tener carácter resolutivo, los actos administrativos se clasifican en:

a) Actos definitivos y actos de trámite.
b) Actos propios y actos impropios.
c) Actos básicos y actos de trámite.
d) Actos únicos y actos múltiples.

21. Según que la Administración, al dictarlos, se limite a aplicar una norma que le señala claramente la decisión a adoptar en el supuesto del hecho de que se trate, o tenga libertad en la emisión de dicho acto, pudiendo optar entre diversas alternativas que la ley le ofrece, pero sin olvidar que el fin de toda su actuación es el interés general, los actos administrativos se clasifican en:

a) Actos únicos y actos múltiples.
b) Actos de trámite y actos complejos.
c) Actos directos y actos indirectos
d) Actos reglados y actos discrecionales.

Solución al test n.º 4

1. d) Cuando la ley lo prescriba.

2. d) Todos los anteriores deben motivarse.

3. c) Los motivos en que se basa la decisión.

4. d) Las respuestas a) y c) son correctas.

5. d) No se lesionen derechos de otras personas.

6. c) Puede ser objeto de impugnación por el particular.

7. a) Mayor de catorce años.

8. c) Funcional y territorial.

9. a) Irregular.

10. b) Hayan transcurrido diez días naturales desde la puesta a disposición de la notificación sin que se acceda a su contenido.

11. d) Siempre.

12. b) No impide su ejecutividad una vez efectuada.

13. c) Pueden establecerse expresamente por una disposición con rango de ley.

14. d) Pueden dar lugar a la anulabilidad si producen indefensión.

15. a) Si el vicio consiste en incompetencia jerárquica.

16. c) Incompetencia funcional.

17. a) El incumplimiento de la condición resolutoria a que pudiera estar sujeto.

18. c) Formal.

19. d) Todas las respuestas son correctas.

20. a) Actos definitivos y actos de trámite.

21. d) Actos reglados y actos discrecionales.

TEST N.º 5

El procedimiento administrativo como garantía formal. Idea general de la iniciación, ordenación, instrucción y terminación del procedimiento administrativo. Términos y plazos

1. Las medidas provisionales deberán ser confirmadas, modificadas o levantadas en el acuerdo de iniciación del procedimiento, que deberá efectuarse:

a) Dentro de los quince días siguientes a su adopción.
b) Dentro del mes siguiente a su adopción.
c) Dentro de los cinco días siguientes a su adopción.
d) Dentro de los tres meses siguientes a su adopción.

2. ¿Cómo se denominan los procedimientos que tienden a la realización material de una decisión anterior ya definitiva, como, por ejemplo, el procedimiento de apremio?

a) Procedimientos ejecutivos.
b) Procedimientos declarativos.
c) Procedimientos de simple gestión.
d) Procedimientos de materialización o sustanciación.

3. ¿Cuándo podrán los administrados conocer el estado de la tramitación de los procedimientos en los que tengan la condición de interesados?

a) Solo en la fase de instrucción.
b) Únicamente en la fase de alegaciones.
c) Tan solo en la fase de prueba.
d) En cualquier momento.

4. Señala qué recurso cabe contra el acuerdo de acumulación de procedimientos administrativos:

a) Recurso de alzada.
b) Recurso extraordinario de revisión.
c) Recurso de reposición, en el plazo de un mes.
d) Ningún recurso.

5. ¿Cuándo se iniciarán de oficio los procedimientos?

a) Por denuncia.
b) Por acuerdo del órgano competente.
c) Por propia iniciativa.
d) Todas las respuestas son correctas.

6. Señala la respuesta incorrecta respecto al inicio del procedimiento por denuncia:

a) Las denuncias deberán expresar la identidad de la persona o personas que las presentan y el relato de los hechos que se ponen en conocimiento de la Administración.
b) La presentación de una denuncia confiere, por sí sola, la condición de interesado en el procedimiento.
c) Cuando la denuncia invocara un perjuicio en el patrimonio de las Administraciones Públicas la no iniciación del procedimiento deberá ser motivada y se notificará a los denunciantes la decisión de si se ha iniciado o no el procedimiento.
d) Se entiende por denuncia el acto por el que cualquier persona, en cumplimiento o no de una obligación legal, pone en conocimiento de un órgano administrativo la existencia de un determinado hecho que pudiera justificar la iniciación de oficio de un procedimiento administrativo.

7. ¿En qué caso se podrá imponer una sanción sin que se haya tramitado el oportuno procedimiento?

a) En casos de urgente necesidad.
b) En situaciones excepcionales, como por ejemplo, situaciones de crisis sanitarias o epidemias.
c) Las respuestas a) y b) son correctas.
d) En ningún caso.

8. ¿Cuál de los siguientes datos no es necesario que figure en las solicitudes de iniciación del procedimiento por parte de los interesados?

a) Número de teléfono.
b) Hechos, razones y petición en que se concrete, con toda claridad, la solicitud.
c) Órgano, centro o unidad administrativa a la que se dirige y su correspondiente código de identificación.
d) Firma del solicitante o acreditación de la autenticidad de su voluntad expresada por cualquier medio.

9. Los documentos que los interesados dirijan a los órganos de las Administraciones Públicas podrán presentarse:

a) En las oficinas de Correos, en la forma que reglamentariamente se establezca.
b) En el registro electrónico de la Administración u Organismo al que se dirijan.

c) En las representaciones diplomáticas u oficinas consulares de España en el extranjero.

d) Todas las respuestas son correctas.

10. Los interesados solo podrán solicitar el inicio de un procedimiento de responsabilidad patrimonial, cuando no haya prescrito su derecho a reclamar. El derecho a reclamar prescribirá:

a) Al año de producido el hecho o el acto que motive la indemnización o se manifieste su efecto lesivo.

b) A los dos años de producido el hecho o el acto que motive la indemnización o se manifieste su efecto lesivo.

c) A los cinco años de producido el hecho o el acto que motive la indemnización o se manifieste su efecto lesivo.

d) Este derecho no prescribe.

11. ¿De acuerdo con qué principio se acordarán en un solo acto todos los trámites que, por su naturaleza, admitan un impulso simultáneo y no sea obligado su cumplimiento sucesivo?

a) Con el principio de oficialidad.

b) Con el principio de eficacia.

c) Con el principio de simplificación administrativa.

d) Con el principio de rapidez administrativa.

12. Salvo en el caso de que en la norma correspondiente se fije plazo distinto, los trámites que deban ser cumplimentados por los interesados deberán realizarse en el plazo de:

a) Siete días a partir del siguiente al de la notificación del correspondiente acto.

b) Diez días a partir del siguiente al de la notificación del correspondiente acto.

c) Quince días a partir del siguiente al de la notificación del correspondiente acto.

d) Un mes a partir del siguiente al de la notificación del correspondiente acto.

13. En cualquier momento del procedimiento, cuando la Administración considere que alguno de los actos de los interesados no reúne los requisitos necesarios, lo pondrá en conocimiento de su autor, concediéndole un plazo para cumplimentarlo:

a) De cinco días.

b) De siete días.

c) De diez días.

d) De veinte días.

14. Cuando la Administración no tenga por ciertos los hechos alegados por los interesados o la naturaleza del procedimiento lo exija, el instructor del mismo acordará la apertura de un período de prueba, a fin de que puedan practicarse cuantas juzgue pertinentes, por un plazo:

a) No superior a treinta días ni inferior a diez.
b) No superior a treinta días ni inferior a quince.
c) No superior a veinte días ni inferior a diez.
d) No superior a veinte días ni inferior a cinco.

15. Salvo disposición expresa en contrario, los informes serán:

a) Vinculantes.
b) Vinculantes y facultativos.
c) Facultativos y no vinculantes.
d) Nunca facultativos.

16. En el caso de los procedimientos de responsabilidad patrimonial será preceptivo solicitar informe al servicio cuyo funcionamiento haya ocasionado la presunta lesión indemnizable, no pudiendo exceder el plazo de su emisión de:

a) Diez días.
b) Quince días.
c) Veinte días.
d) Un mes.

17. ¿Cómo se denomina el conjunto ordenado de documentos y actuaciones que sirven de antecedente y fundamento a la resolución administrativa, así como las diligencias encaminadas a ejecutarla?

a) Dosier administrativo.
b) Acto administrativo.
c) Expediente administrativo.
d) Procedimiento administrativo.

18. Con arreglo al artículo 74 LPACAP, las cuestiones incidentales que se susciten en el procedimiento, incluso las que se refieran a la nulidad de actuaciones:

a) Suspenderán la tramitación del procedimiento.
b) No suspenderán la tramitación del procedimiento, salvo la recusación.
c) No suspenderán la tramitación del procedimiento en ningún caso.
d) Siempre que lo estime oportuno el instructor del procedimiento, y así lo motive suficientemente, suspenderá la tramitación del procedimiento.

19. ¿Cuándo podrán los interesados aducir alegaciones y aportar documentos u otros elementos de juicio?

a) En cualquier momento.
b) En cualquier momento del procedimiento posterior al trámite de audiencia.
c) En cualquier momento del procedimiento anterior al trámite de audiencia.
d) Únicamente cuando lo autorice el instructor del procedimiento.

20. Señala la respuesta incorrecta respecto a los medios y período de prueba:

a) El instructor del procedimiento solo podrá rechazar las pruebas propuestas por los interesados cuando sean manifiestamente improcedentes o innecesarias, sin necesidad de resolución motivada.
b) En los procedimientos de carácter sancionador, los hechos declarados probados por resoluciones judiciales penales firmes vincularán a las Administraciones Públicas respecto de los procedimientos sancionadores que substancien.
c) Cuando la prueba consista en la emisión de un informe de un órgano administrativo, organismo público o Entidad de derecho público, se entenderá que este tiene carácter preceptivo.
d) Cuando la valoración de las pruebas practicadas pueda constituir el fundamento básico de la decisión que se adopte en el procedimiento, por ser pieza imprescindible para la correcta evaluación de los hechos, deberá incluirse en la propuesta de resolución.

21. Cuando lo considere necesario, el instructor, a petición de los interesados, podrá decidir la apertura de un período extraordinario de prueba por un plazo:

a) No superior a diez días.
b) No superior a quince días.
c) No superior a veinte días.
d) No superior a un mes.

22. Salvo que una disposición o el cumplimiento del resto de los plazos del procedimiento permita o exija otro plazo mayor o menor, los informes serán emitidos en el plazo de:

a) Diez días.
b) Quince días.
c) Veinte días.
d) Un mes.

23. ¿De qué plazo disponen los interesados para alegar y presentar los documentos y justificaciones que estimen pertinentes?

a) De un plazo no inferior a cinco días ni superior a diez.
b) De un plazo no inferior a diez días ni superior a quince.
c) De un plazo no inferior a diez días ni superior a veinte.
d) De un plazo no inferior a diez días ni superior a un mes.

24. ¿En qué plazo deberán practicarse las actuaciones complementarias?

a) En un plazo no superior a siete días.
b) En un plazo no superior a diez días.
c) En un plazo no superior a quince días.
d) En un plazo no superior a un mes.

25. ¿Transcurrido qué plazo desde que se inició el procedimiento sin que haya recaído y se notifique resolución expresa o, en su caso, se haya formalizado el acuerdo, podrá entenderse que la resolución es contraria a la indemnización del particular?

a) Transcurrido un mes.
b) Transcurridos tres meses.
c) Transcurridos seis meses.
d) Transcurrido un año.

26. A tenor del artículo 92 LPACAP, en el ámbito de la Administración General del Estado, los procedimientos de responsabilidad patrimonial se resolverán por:

a) El Ministro respectivo.
b) El Presidente del Gobierno.
c) El Consejo de Ministros.
d) Las respuestas a) y c) son correctas.

27. Señale la respuesta incorrecta respecto al desistimiento y renuncia por los interesados:

a) Si el escrito de iniciación se hubiera formulado por dos o más interesados, el desistimiento o la renuncia afectará a todos los que la hubiesen formulado.
b) Todo interesado podrá desistir de su solicitud o, cuando ello no esté prohibido por el ordenamiento jurídico, renunciar a sus derechos.
c) Si la cuestión suscitada por la incoación del procedimiento entrañase interés general o fuera conveniente sustanciarla para su definición y esclarecimiento, la Administración podrá limitar los efectos del desistimiento o la renuncia al interesado y seguirá el procedimiento.
d) Tanto el desistimiento como la renuncia podrán hacerse por cualquier medio que permita su constancia, siempre que incorpore las firmas que correspondan de acuerdo con lo previsto en la normativa aplicable.

28. La Administración aceptará de plano el desistimiento o la renuncia, y declarará concluso el procedimiento salvo que, habiéndose personado en el mismo terceros interesados, instasen estos su continuación en el plazo de:

a) Un mes desde que fueron notificados del desistimiento o renuncia.
b) Veinte días desde que fueron notificados del desistimiento o renuncia.
c) Quince días desde que fueron notificados del desistimiento o renuncia.
d) Diez días desde que fueron notificados del desistimiento o renuncia.

29. En los procedimientos iniciados a solicitud del interesado, cuando se produz-ca su paralización por causa imputable al mismo, la Administración le advertirá que se producirá la caducidad del procedimiento, transcurrido:

a) Un mes.
b) Tres meses.
c) Seis meses.
d) Un año.

30. ¿En qué momento el órgano competente podrá abrir un periodo de informa-ción o actuaciones previas con el fin de conocer las circunstancias del caso concreto?

a) Tras el periodo de prueba.
b) Justo antes de la resolución.
c) Con anterioridad al inicio del procedimiento.
d) En la fase de instrucción.

Solución al test n.º 5

1. a) Dentro de los quince días siguientes a su adopción.

2. a) Procedimientos ejecutivos.

3. d) En cualquier momento.

4. d) Ninguno de los recursos anteriores.

5. d) Todas las respuestas son correctas.

6. b) La presentación de una denuncia confiere, por sí sola, la condición de interesado en el procedimiento.

7. d) En ningún caso.

8. a) Número de teléfono.

9. d) Todas las respuestas son correctas.

10. a) Al año de producido el hecho o el acto que motive la indemnización o se manifieste su efecto lesivo.

11. c) Con el principio de simplificación administrativa.

12. b) Diez días a partir del siguiente al de la notificación del correspondiente acto.

13. c) De diez días.

14. a) No superior a treinta días ni inferior a diez.

15. c) Facultativos y no vinculantes.

16. a) Diez días.

17. c) Expediente administrativo.

18. b) No suspenderán la tramitación del procedimiento, salvo la recusación.

19. c) En cualquier momento del procedimiento anterior al trámite de audiencia.

20. a) El instructor del procedimiento solo podrá rechazar las pruebas propuestas por los interesados cuando sean manifiestamente improcedentes o innecesarias, sin necesidad de resolución motivada.

21. a) No superior a diez días.

22. a) Diez días.

23. b) De un plazo no inferior a diez días ni superior a quince.

24. c) En un plazo no superior a quince días.

25. c) Transcurridos seis meses.

26. d) Las respuestas a) y c) son correctas.

27. a) Si el escrito de iniciación se hubiera formulado por dos o más interesados, el desistimiento o la renuncia afectará a todos los que la hubiesen formulado.

28. d) Diez días desde que fueron notificados del desistimiento o renuncia.

29. b) Tres meses.

30. c) Con anterioridad al inicio del procedimiento.

TEST N.º 6

Recursos administrativos. Principios generales. Clases de recursos administrativos. Procedimientos sustitutivos de los recursos administrativos: conciliación, mediación y arbitraje

1. El recurso de alzada contra actos que no agotan la vía administrativa es:

a) Extraordinario.
b) La regla general.
c) Especial.
d) Inexistente.

2. La *reformatio in peius*, en materia de recursos:

a) Se admite como regla general.
b) Solo se permite en materia sancionadora.
c) Se admite cuando el recurso está claramente infundado.
d) Está expresamente prohibida.

3. Cuando hayan de tenerse en cuenta nuevos hechos o documentos no recogidos en el expediente originario, se pondrán de manifiesto a los interesados para que formulen las alegaciones que estimen procedentes, en un plazo:

a) No inferior a diez días ni superior a quince.
b) De veinte días.
c) No inferior a cinco días ni superior a veinte.
d) De treinta días.

4. La resolución de un recurso:

a) Debe circunscribirse a lo solicitado por el recurrente.
b) Resolverá cuantas cuestiones se deduzcan del expediente.
c) No es necesario que se motive.
d) Debe aceptar las razones en que se fundamente el propio recurso.

5. Si el acto fuera expreso, el plazo para la interposición del recurso de reposición será de:

a) Tres meses.
b) Diez días.
c) Quince días.
d) Un mes.

6. El recurso de alzada contra actos que no agotan la vía administrativa es:

a) Extraordinario.
b) La regla general.
c) Especial.
d) Inexistente.

7. El recurso de reposición contra actos que no agotan la vía administrativa es:

a) Ordinario.
b) Extraordinario.
c) Especial.
d) Inexistente.

8. La resolución presunta del recurso de alzada se dará, si no recae resolución, al/a los:

a) Quince días de interponerlo.
b) Mes de su interposición.
c) Tres meses de su interposición.
d) En cualquier momento a partir del día siguiente a aquel en que, de acuerdo con su normativa específica, se produzcan los efectos del silencio administrativo.

9. El silencio administrativo en el recurso de alzada puede ser positivo en el siguiente caso:

a) Cuando el recurso se presentó contra un acto presunto desestimatorio de la solicitud del ciudadano.
b) Cuando perjudique al ciudadano.
c) Siempre que beneficie al interés público.
d) En ningún supuesto es positivo.

10. Para plantear un recurso administrativo:

a) Hay que tener capacidad jurídica, sin requerirse la capacidad de obrar.
b) Basta con la capacidad de obrar.
c) Se requiere, siempre, ser titular de un derecho subjetivo afectado por el acto que se recurre.
d) Puede hacerlo quien ostente la condición de interesado.

11. Cuando una persona interpone un recurso de alzada denominándolo como recurso de revisión:

a) Deberá desestimarse el recurso por improcedente.
b) Deberá notificársele el error para que lo subsane.
c) No se admitirá el recurso.
d) Deberá resolverse, si del propio recurso se deduce su carácter.

12. Como consecuencia del principio de congruencia, al resolver un recurso, la Administración Pública:

a) Podrá agravar la situación inicial del recurrente.
b) Deberá ajustarse a las peticiones del recurrente.
c) Lo desestimará, manteniendo el acto administrativo.
d) Solo decidirá sobre las cuestiones planteadas por el recurrente sin entrar en otras que deriven del procedimiento.

13. Entre los límites de la revisión de los actos administrativos se encuentra:

a) La prescripción de la acción.
b) Su ilegalidad manifiesta.
c) Que atente a derechos subjetivos.
d) Que incurra en nulidad de pleno derecho.

14. El recurso de revisión es:

a) Unitario.
b) Ordinario.
c) Especial.
d) Extraordinario.

15. Contra los actos dictados por un Tribunal de Oposiciones:

a) No cabe recurso alguno.
b) Puede presentarse recurso de alzada ante su Presidente.
c) El recurso de alzada debe entablarse ante la autoridad que nombró al Presidente.
d) Solo es posible el recurso de revisión.

16. No es motivo bastante para interponer un recurso de revisión que:

a) Se haya incurrido en manifiesto error de hecho al dictar el acto.
b) Hubiere mediado cohecho en la resolución.
c) Se haya dictado por órgano manifiestamente incompetente.
d) Hayan influido documentos declarados falsos por sentencia judicial firme.

17. Para que pueda entablarse un recurso extraordinario de revisión por error de hecho, este:

a) Ha de ser declarado por sentencia judicial firme.
b) Ha de haberse adoptado por cohecho.
c) Ha de derivar de documentos habidos en el expediente.
d) Nada de lo anterior es cierto.

18. La revocación por la Administración Pública de un acto administrativo de gravamen o no declarativo de derechos:

a) Ha de efectuarse a instancia de los particulares.
b) Está prohibida.
c) Se podrá revocar mientras que no haya transcurrido el plazo de prescripción, siempre que no constituya dispensa o exención no permitida por las leyes, o sea contraria al principio de igualdad, al interés público o al ordenamiento jurídico.
d) Requiere previo dictamen del Consejo de Estado.

19. En la Administración Local (en concreto, en un Ayuntamiento), la declaración de lesividad de un acto se efectúa a través del/de la:

a) Presidente de la Corporación Local.
b) Junta de Gobierno Local.
c) Pleno.
d) Cualquiera de los anteriores.

20. Un acto anulable, ¿puede ser revisado de oficio por la Administración Pública, una vez transcurridos cuatro años desde que se dictó?

a) Sí, cuando así lo dictamine el Consejo de Estado.
b) No.
c) Sí, cuando incurra en nulidad de pleno derecho y así lo dictamine el Consejo de Estado.
d) Sí, cuando la ilegalidad sea manifiesta y así lo dictamine el Consejo de Estado.

Solución al test n.º 6

1. b) La regla general.

2. d) Está expresamente prohibida.

3. a) No inferior a diez días ni superior a quince.

4. b) Resolverá cuantas cuestiones se deduzcan del expediente.

5. d) Un mes.

6. b) La regla general.

7. d) Inexistente.

8. c) Tres meses de su interposición.

9. a) Cuando el recurso se presentó contra un acto presunto desestimatorio de la solicitud del ciudadano.

10. d) Puede hacerlo quien ostente la condición de interesado.

11. d) Deberá resolverse, si del propio recurso se deduce su carácter.

12. b) Deberá ajustarse a las peticiones del recurrente.

13. a) La prescripción de la acción.

14. d) Extraordinario.

15. c) El recurso de alzada debe presentarse ante la autoridad que nombró al Presidente.

16. c) Se haya dictado por órgano manifiestamente incompetente.

17. c) Ha de derivar de documentos habidos en el expediente.

18. c) Se podrá revocar mientras que no haya transcurrido el plazo de prescripción, siempre que no constituya dispensa o exención no permitida por las leyes, o sea contraria al principio de igualdad, al interés público o al ordenamiento jurídico.

19. c) Pleno.

20. b) No.

TEST N.º 7

El régimen local: significado y evolución histórica. La Administración Local en la Constitución. La Carta Europea de la Autonomía Local. El principio de autonomía local. Significado, contenido y límites

1. La Administración Local está integrada por:

a) Por órganos.
b) Por Entes, no por órganos.
c) Por sujetos de Derecho con personalidad jurídica propia.
d) Son correctas las respuestas b) y c).

2. Uno de los hitos normativos más importantes en la evolución del Régimen Local es:

a) La Constitución Española de 1931.
b) El Decreto de Javier de Burgos, de 30 de noviembre de 1833.
c) La Declaración Universal de los Derechos Humanos.
d) El Estatuto de Bayona de 1808.

3. Se definen como entidades locales integradas por los municipios de grandes aglomeraciones urbanas entre cuyos núcleos de población existan vinculaciones económicas y sociales que hagan necesaria la planificación conjunta y la coordinación de determinados servicios y obras:

a) Las Áreas Metropolitanas.
b) Las Comarcas.
c) Las Mancomunidades.
d) Las entidades de ámbito territorial inferior al Municipio.

4. Son entidades locales territoriales:

a) El municipio y las mancomunidades.
b) Las provincias y las comarcas.

c) El municipio, las provincias y las áreas metropolitanas.
d) La Isla en los archipiélagos balear y canario y los municipios.

5. La no presentación de cuentas por las entidades de ámbito territorial inferior al Municipio ante los organismos correspondientes del Estado y de la Comunidad Autónoma:

a) Conllevará que el personal que estuviera al servicio de la entidad quedará incorporado en la Administración del Estado.
b) Conllevará que el personal que estuviera al servicio de la entidad quedará incorporado en la Administración de la Comunidad Autónoma.
c) Será motivo para la sustitución de sus órganos de gobierno.
d) Será causa de disolución.

6. El artículo 137 de la Constitución Española dispone:

a) El Estado se organiza territorialmente en Municipios, en Provincias y en las Comunidades Autónomas que se constituyan.
b) El Estado se organiza territorialmente en Municipios, en Provincias e Islas.
c) El Estado se organiza territorialmente en Municipios, en Provincias y en Comarcas.
d) El Estado se organiza territorialmente en Municipios, en Provincias y en Concejos.

7. De acuerdo con el artículo 141 de la Constitución Española:

a) El gobierno y la administración autónoma de las provincias estarán encomendados a las Diputaciones u otras Corporaciones de carácter representativo.
b) El gobierno y la administración autónoma de las provincias estarán encomendados al Pleno de la Diputación Provincial.
c) El gobierno y la administración autónoma de las provincias estarán encomendados a la Junta de Gobierno de la Diputación Provincial.
d) El gobierno y la administración autónoma de las Provincias estarán encomendados a las Corporaciones de carácter representativo.

8. Uno de los principios fundamentales en relación con el Régimen Local que recoge la Constitución Española es:

a) La autonomía de las Corporaciones Locales en la gestión de sus intereses.
b) El carácter democrático y representativo de sus órganos de gobierno.
c) La suficiencia de las Haciendas Locales.
d) Todas las respuestas anteriores son correctas.

9. ¿Es posible crear agrupaciones de Municipios diferentes de la Provincia?

a) No.
b) En algunos casos.

c) Solo si lo decide el Presidente del Gobierno.
d) Sí.

10. De conformidad con el artículo 140 de la Constitución Española, los conceja-les serán elegidos por sufragio:

a) Universal por parte de los ciudadanos del municipio.
b) Universal, igual, libre, e indirecto.
c) Universal, igual, libre, directo y secreto.
d) Universal, igual, libre, directo y secreto, en la forma establecida en la ley.

11. Según el artículo 103.1 de la Constitución Española, la Administración Pública sirve con objetividad los intereses generales y actúa de acuerdo con los principios de:

a) Eficacia, jerarquía, descentralización, desconcentración y suficiencia financiera.
b) Descentralización, desconcentración, altruismo y eficacia.
c) Eficacia, jerarquía, descentralización, desconcentración y coordinación.
d) Eficacia, jerarquía, descentralización, desconcentración y gratuidad.

12. El Texto Refundido de la Ley Reguladora de las Haciendas Locales fue aprobado por:

a) Real Decreto Legislativo 2/2014, de 5 de marzo.
b) Real Decreto Legislativo 2/1994, de 5 de marzo.
c) Real Decreto Legislativo 2/2004, de 5 de marzo.
d) Real Decreto Legislativo 2/2004, de 5 de abril.

13. Las elecciones locales se encuentran reguladas en:

a) El Reglamento de Servicios de las Corporaciones Locales, de 17 de junio de 1955.
b) El Texto Refundido de la Ley Reguladora de las Haciendas Locales.
c) La Ley Orgánica 5/1985, de 19 de junio, del Régimen Electoral General.
d) La Ley Orgánica Electoral de 2 de abril de 1986.

14. ¿Cuál es la Entidad básica de la organización territorial del Estado y cauce inmediato de participación ciudadana en los asuntos públicos, que institucionaliza y gestiona con autonomía los intereses propios de la respectiva colectividad?

a) La Isla.
b) La Provincia.
c) El Municipio.
d) La Comarca.

15. La Creación de las Áreas Metropolitanas se efectuará por ley de:

a) Las Cortes Generales.
b) El Senado.

c) La Asamblea Legislativa de la Comunidad Autónoma.

d) No será necesaria ley, sino Acuerdo aprobado por la mayoría absoluta de los conce-jales que conforman cada Municipio.

16. ¿Cuáles son las Entidades Locales integradas por los Municipios de grandes aglomeraciones urbanas entre cuyos núcleos de población existen vinculaciones económicas y sociales que hacen necesaria la planificación conjunta y la coordina-ción de determinados servicios y obras?

a) Las Áreas Metropolitanas.

b) Las Comarcas.

c) Las Mancomunidades de Municipios.

d) Las Provincias.

17. La Provincia es una Entidad Local con personalidad jurídica propia, determinada por la agrupación de Municipios y división territorial para el cumplimiento de las activi-dades del Estado. Cualquier alteración de los límites provinciales habrá de ser aprobada:

a) Por las Cortes Generales mediante ley orgánica.

b) Por las Cortes Generales mediante ley ordinaria.

c) Por ley de la Asamblea Legislativa de la Comunidad Autónoma respectiva.

d) Por acuerdo unánime de la Diputación Provincial.

18. La Administración Local está integrada por:

a) Órganos.

b) Organismos

c) Entes.

d) Entidades Institucionales.

19. ¿En qué año se aprobó el vigente Reglamento de Organización, Funciona-miento y Régimen Jurídico de las Entidades Locales?

a) 1991.

b) 1982.

c) 1998.

d) 1986.

20. Señala cuál de los siguientes hitos no forma parte de la evolución de nuestro régimen local:

a) La Constitución de Cádiz de 1812.

b) Los Estatutos Municipal y Provincial de Calvo Sotelo, de 1924 y 1925.

c) Ley Municipal y Provincial de 1870.

d) El Decreto de Javier de León, de 30 de noviembre de 1833.

21. En materia de contratación, es aplicable al Régimen Local:

a) Real Decreto Legislativo 3/2011, de 14 de noviembre, por el que se aprueba el texto refundido de la Ley de Contratos del Sector Público.
b) La Ley 8/2018, de 4 de abril, de Contratos del Sector Público.
c) La Ley 9/2017, de 8 de noviembre, de Contratos del Sector Público.
d) Real Decreto Legislativo 5/2009, de 25 de marzo, por el que se aprueba el texto refundido de la Ley de Contratos del Sector Público.

Solución al test n.º 7

1. d) Son correctas las respuestas b) y c).

2. b) El Decreto de Javier de Burgos, de 30 de noviembre de 1833.

3. a) Las Áreas Metropolitanas.

4. d) La Isla en los archipiélagos balear y canario y los municipios.

5. d) Será causa de disolución.

6. a) El Estado se organiza territorialmente en Municipios, en Provincias y en las Comunidades Autónomas que se constituyan.

7. a) El gobierno y la administración autónoma de las provincias estarán encomendados a las Diputaciones u otras Corporaciones de carácter representativo.

8. d) Todas las respuestas anteriores son correctas.

9. d) Sí.

10. d) Universal, igual, libre, directo y secreto, en la forma establecida en la ley.

11. c) Eficacia, jerarquía, descentralización, desconcentración y coordinación.

12. c) Real Decreto Legislativo 2/2004, de 5 de marzo.

13. c) La Ley Orgánica 5/1985, de 19 de junio, del Régimen Electoral General.

14. c) El Municipio.

15. c) La Asamblea Legislativa de la Comunidad Autónoma.

16. a) Las Áreas Metropolitanas.

17. a) Por las Cortes Generales mediante ley orgánica.

18. c) Entes.

19. d) 1986.

20. d) El Decreto de Javier de León, de 30 de noviembre de 1833.

21. c) La Ley 9/2017, de 8 de noviembre, de Contratos del Sector Público.

TEST N.º 8

La potestad reglamentaria de las entidades locales. Reglamentos y ordenanzas. Procedimiento de elaboración. El reglamento orgánico. Los bandos

1. ¿Cómo se denominan los bandos dictados en desarrollo de las atribuciones del Alcalde para mejor regir y gobernar la vida de la comunidad?

a) Bandos Ordinarios.
b) Bandos de Gobierno.
c) Bandos de Policía y Buen Gobierno.
d) Bandos de Seguridad y Buen Gobierno.

2. ¿A quién le corresponde, en los Municipios de gran población, la aprobación de los proyectos de ordenanzas y reglamentos, incluidos los orgánicos, con excepción de las normas reguladoras del Pleno y de sus comisiones?

a) Al Alcalde.
b) Al Pleno.
c) A la Junta de Gobierno Local.
d) Al Secretario de la Corporación.

3. Los actos de deterioro grave y relevante de equipamientos, infraestructuras, instalaciones o elementos de un servicio público, constituyen una infracción a las ordenanzas locales de carácter:

a) Muy grave.
b) Grave.
c) Menos grave.
d) Leve.

4. Las infracciones leves de las Ordenanzas Locales podrán acarrear una multa de hasta:

a) 1.500 euros.
b) 1.000 euros.

c) 750 euros.
d) 600 euros.

5. ¿Cuándo prescribirán las sanciones impuestas por faltas muy graves a las Ordenanzas Locales, si estas no fijaran plazo de prescripción?

a) A los cinco años.
b) A los tres años.
c) A los dos años.
d) Al año.

6. El art. 30 de la Ley 40/2015, de 1 de octubre, de Régimen Jurídico del Sector Público, dispone que las infracciones y sanciones prescriban según lo dispuesto en las leyes que las establezcan. Si estas no fijan plazos de prescripción, las infracciones muy graves prescribirán:

a) A los cinco años.
b) A los tres años.
c) A los dos años.
d) Al año.

7. ¿Cómo se denominan los bandos que se limitan a recordar el cumplimiento de disposiciones vigentes de carácter legal, publicándose en fechas fijadas de antemano por la ley y en todos los Municipios?

a) Bandos generales.
b) Bandos simples.
c) Bandos ordinarios.
d) Bandos periódicos.

8. ¿Cómo se denominan los bandos dictados en desarrollo de las atribuciones del Alcalde para mejor regir y gobernar la vida de la comunidad?

a) Bandos de urgencia.
b) Bandos periódicos.
c) Bandos de buena administración.
d) Bandos de policía y buen gobierno.

9. ¿A qué disposiciones denomina GARCÍA DE ENTERRÍA «reglamentos de necesidad»?

a) A las Ordenanzas.
b) A los Decretos.
c) A los Reales Decretos.
d) A los Bandos.

10. Las infracciones a las ordenanzas locales a que se refiere el artículo anterior se clasificarán en:

a) Muy graves, graves y leves.
b) Muy graves, graves y menos graves.
c) Graves y leves.
d) Muy graves, menos graves, graves y leves.

11. El impedimento o la grave y relevante obstrucción al normal funcionamiento de un servicio público, constituye una infracción:

a) Muy grave.
b) Menos grave.
c) Grave.
d) Leve.

12. Salvo previsión legal distinta, las multas por infracción muy grave a las Ordenanzas locales, se sanciona con una sanción económica de:

a) Hasta 6.000 euros.
b) Hasta 5.000 euros.
c) Hasta 3.000 euros.
d) Hasta 1.500 euros.

13. Salvo previsión legal distinta, las multas por infracción leve a las Ordenanzas locales, se sanciona con una sanción económica de:

a) Hasta 1.000 euros.
b) Hasta 750 euros.
c) Hasta 500 euros.
d) Hasta 300 euros.

14. Las Ordenanzas fiscales entran en vigor:

a) En el momento de su publicación definitiva en el Boletín Oficial de la Provincia.
b) A los diez días de su publicación definitiva en el Boletín Oficial de la Provincia.
b) En el momento de su publicación definitiva en el Boletín Oficial del Estado.
d) A los veinte días de su publicación definitiva en el Boletín Oficial del Estado.

15. Las normas locales que regulan las relaciones entre el Ente Local que las promulga y los ciudadanos a los que se dirigen, se denominan:

a) Reglamentos.
b) Ordenanzas.
c) Bandos.
d) Recomendaciones.

16. Por el Pleno de la Corporación se aprobarán inicialmente las Ordenanzas y Reglamentos, como regla general por:

a) Mayoría de los miembros del Pleno de la Corporación.
b) Mayoría absoluta y con el voto favorable del Presidente de la Corporación.
c) Basta con el voto favorable del Presidente de la Corporación.
d) La Junta de Gobierno, por delegación del Pleno.

17. Una vez aprobadas inicialmente las Ordenanzas y Reglamentos, se expondrán al público durante un plazo mínimo de:

a) Cuarenta y cinco días hábiles.
b) Treinta días hábiles.
c) Veinte días naturales.
d) Quince días naturales.

18. Aprobadas definitivamente las Ordenanzas y Reglamentos, se procederá a su publicación en:

a) El Boletín Oficial de la Provincia.
b) El Boletín Oficial de la Comunidad Autónoma.
c) El Boletín Oficial del Estado.
d) El Boletín Oficial de la Comunidad Autónoma y en el BOE.

19. Para la modificación del Reglamento Orgánico de una Corporación, será necesario el voto favorable de/del:

a) Presidente de la Corporación.
b) La mayoría simple del número legal de miembros de la Corporación.
c) La mayoría absoluta del número legal de miembros de la Corporación.
d) No existe una mayoría establecida.

Solución al test n.º 8

1. c) Bandos de Policía y Buen Gobierno.

2. c) A la Junta de Gobierno Local.

3. a) Muy grave.

4. c) 750 euros.

5. b) A los tres años.

6. b) A los tres años.

7. d) Bandos periódicos.

8. d) Bandos de policía y buen gobierno.

9. d) A los Bandos.

10. a) Muy graves, graves y leves.

11. a) Muy grave.

12. c) Hasta 3.000 euros.

13. b) Hasta 750 euros.

14. a) En el momento de su publicación definitiva en el Boletín Oficial de la Provincia.

15. b) Ordenanzas.

16. a) Mayoría de los miembros del Pleno de la Corporación.

17. b) Treinta días hábiles.

18. a) El Boletín Oficial de la Provincia.

19. c) La mayoría absoluta del número legal de miembros de la Corporación.

El municipio: concepto y elementos. El término municipal. La población municipal. El padrón de habitantes. Derechos de los extranjeros. La Modernización del Gobierno Local. El régimen de las grandes ciudades

1. Entre las potestades y prerrogativas que tienen los municipios se encuentran:

a) La tributaria y financiera.
b) De revisión de oficio de sus actos y acuerdos.
c) Expropiatoria.
d) Todas las respuestas son correctas.

2. Los elementos del Municipio son:

a) El territorio, la población y la financiación.
b) El territorio, las instituciones y la organización.
c) La organización, la autonomía y el territorio.
d) La población, la organización y el territorio.

3. Según el Reglamento de Población y Demarcación Territorial de las Entidades Locales el término municipal es:

a) El territorio en que el Ayuntamiento ejerce su jurisdicción.
b) El territorio en que el Ayuntamiento ejerce sus competencias.
c) El territorio en que el Ayuntamiento ejerce su política.
d) Las respuestas b) y c) son correctas.

4. De acuerdo con lo dispuesto en la Ley de Bases de Régimen Local:

a) La creación de nuevos municipios solo podrá realizarse sobre la base de núcleos de población territorialmente diferenciados, de al menos 25.000 habitantes.
b) La creación de nuevos municipios solo podrá realizarse sobre la base de núcleos de población territorialmente diferenciados, de al menos 4.000 habitantes.

c) La creación de nuevos municipios solo podrá realizarse sobre la base de núcleos de población territorialmente diferenciados, de al menos 3.000 habitantes.

d) La creación de nuevos municipios solo podrá realizarse sobre la base de núcleos de población territorialmente diferenciados, de al menos 250.000 habitantes.

5. ¿La alteración de términos municipales podrá suponer la modificación de los límites provinciales?

a) Solo en casos excepcionales.
b) En ningún caso.
c) Cuando concurran los requisitos establecidos en la ley.
d) Sí.

6. En los casos de fusión de municipios:

a) El nuevo municipio se subrogará en todos los derechos y obligaciones de los anteriores municipios.

b) El nuevo municipio resultante de la fusión no podrá segregarse hasta transcurridos cien años.

c) El órgano del gobierno del nuevo municipio resultante estará constituido transitoriamente por la suma de los concejales de los municipios fusionados.

d) Las respuestas a) y c) son correctas.

7. Son derechos y deberes de los vecinos:

a) Contribuir mediante la aportación de sus bienes inmuebles a la realización de las competencias municipales.

b) Exigir la prestación y, en su caso, el establecimiento del correspondiente servicio público, en el supuesto de constituir una competencia municipal propia aunque no sea de carácter obligatorio.

c) Acceder a los aprovechamientos comunales.

d) Ejercer la iniciativa individual en los términos previstos en el art. 70 bis de la Ley de Bases de Régimen Local.

8. La inscripción de los extranjeros en el Padrón municipal:

a) Constituirá prueba de su residencia legal en España.
b) Iniciará el expediente de adquisición de la nacionalidad española.
c) No les atribuirá ningún derecho que no les confiera la legislación vigente.
d) Permitirá obtener un permiso de trabajo.

9. El padrón municipal es:

a) La base de datos donde constan los nombres de los vecinos.
b) El registro administrativo donde solo constan los domicilios de los vecinos.

c) El registro administrativo donde constan los vecinos de un municipio.

d) El registro administrativo donde solo constan los domicilios de los extranjeros del municipio.

10. La inscripción en el Padrón municipal contendrá como obligatorios los siguientes datos:

a) Las matrículas de los vehículos de los vecinos.

b) El número de identificación de los aparatos tecnológicos existentes en cada casa.

c) Los ascendientes que habitan en cada casa.

d) Ninguna de las respuestas es correcta.

11. Quien viva en varios municipios:

a) Deberá inscribirse únicamente en el Padrón municipal del municipio en el que habite durante más tiempo al año.

b) Deberá inscribirse únicamente en el Padrón municipal del municipio en el que tenga su lugar de trabajo.

c) Deberá inscribirse únicamente en el Padrón municipal del municipio en el que haya nacido.

d) Deberá inscribirse en el Padrón municipal de todos los municipios.

12. ¿Existe Padrón de españoles residentes en el extranjero?

a) Sí.

b) No.

c) Sí, y su formación se realizará por la Administración General del Estado.

d) Solo para aquellos que se encuentren en la Unión Europea.

13. La personalidad jurídica de los Municipios, según la Constitución Española, es:

a) Propia.

b) Plena.

c) Reconocida por el Ente que los crea.

d) Dependiente de su autonomía.

14. Según nuestra Constitución, los Concejales no son elegidos por sufragio:

a) Universal.

b) Igual.

c) Paritario.

d) Libre.

15. La pertenencia de un Municipio a dos Provincias:

a) Se admite excepcionalmente.
b) Ha de estar prevista en norma con rango de ley.
c) Está prohibida en nuestro ordenamiento jurídico.
d) Las respuestas a) y b) son ciertas.

16. La división del término municipal en distritos, barrios, etc., es competencia del/de la:

a) Instituto Geográfico Nacional.
b) Diputación Provincial.
c) Ayuntamiento respectivo.
d) Comunidad Autónoma.

17. Para ser vecino de un Municipio:

a) Hay que estar empadronado como tal en él.
b) Basta con la residencia habitual en el mismo.
c) No es necesario ser mayor de edad.
d) Debe saberse leer y escribir.

18. No es posible la consulta popular en la siguiente materia:

a) Sobre competencias municipales.
b) Hacienda Local.
c) Servicios municipales.
d) Es factible en todas ellas.

19. En el ámbito local el único órgano que puede someter a consulta popular un asunto es el:

a) Presidente de la Diputación Provincial.
b) Alcalde.
c) Gobierno de la Nación.
d) Pleno de cada Entidad Local.

20. En el Padrón no debe constar respecto de un vecino su:

a) Sexo.
b) Domicilio habitual.
c) Lugar de nacimiento.
d) Debe figurar todo lo anterior.

21. El Consejo de Empadronamiento está adscrito al/a la:

a) Presidencia del Gobierno de la Nación.
b) Ministerio del Interior.
c) Ministerio de Economía, Comercio y Empresa.
d) Ministerio de la Presidencia, Justicia y Relaciones con las Cortes.

22. La confección del Padrón de españoles residentes en el extranjero es competencia del/de la:

a) Ayuntamiento de su último domicilio en España.
b) Comunidad Autónoma donde hubieren nacido.
c) Administración General del Estado.
d) Embajada o Consulado español en el país en que residan.

23. Las directrices e instrucciones técnicas para la formación, mantenimiento y rectificación del Padrón corresponde emanarlas al/a la:

a) Propio Ayuntamiento Pleno.
b) Administración General del Estado.
c) Comunidad Autónoma.
d) Alcalde.

24. ¿Qué define ENTRENA CUESTA como el Ente Público menor territorial primario?

a) La Comarca.
b) La Mancomunidad de Municipios.
c) El Municipio.
d) La Provincia.

25. ¿Cuál de los siguientes no es uno de los tres elementos que, conforme al artículo 11.2.º LRL, constituyen el Municipio?

a) La Organización.
b) La Población.
c) Las Competencias (propias o delegadas).
d) El Territorio.

Solución al test n.º 9-10

1. d) Todas las respuestas son correctas.

2. d) La población, la organización y el territorio.

3. b) El territorio en que el Ayuntamiento ejerce sus competencias.

4. b) La creación de nuevos municipios solo podrá realizarse sobre la base de núcleos de población territorialmente diferenciados, de al menos 4.000 habitantes.

5. b) En ningún caso.

6. d) Las respuestas a) y c) son correctas.

7. c) Acceder a los aprovechamientos comunales.

8. c) No les atribuirá ningún derecho que no les confiera la legislación vigente.

9. c) El registro administrativo donde constan los vecinos de un municipio.

10. d) Ninguna de las respuestas es correcta.

11. a) Deberá inscribirse únicamente en el Padrón municipal del municipio en el que habite durante más tiempo al año.

12. c) Sí, y su formación se realizará por la Administración General del Estado.

13. b) Plena.

14. c) Paritario.

15. c) Está prohibida en nuestro ordenamiento jurídico.

16. c) Ayuntamiento respectivo.

17. a) Hay que estar empadronado como tal en él.

18. b) Hacienda Local.

19. b) Alcalde.

20. d) Debe figurar todo lo anterior.

21. c) Ministerio de Economía, Comercio y Empresa.

22. c) Administración General del Estado.

23. b) Administración General del Estado.

24. c) El Municipio.

25. c) Las Competencias (propias o delegadas).

TEST N.º 11

El Pleno del Ayuntamiento de Oviedo y sus Comisiones, su regulación en el Reglamento Orgánico del Pleno. Competencias

1. ¿Cuál es el órgano de máxima representación política de los ciudadanos en el gobierno municipal?

a) La Junta de Gobierno local.
b) El Alcalde.
c) El Pleno.
d) El Teniente de Alcalde.

2. A quién corresponde la dirección del funcionamiento del Registro del Pleno:

a) Al Secretario General del Pleno.
b) Al Presidente del Pleno.
c) Al Interventor mucipal.
d) Al Presidente de la Diputación Provincial.

3. Las sesiones del Pleno podrán ser:

a) Ordinarias.
b) Extraordinarias de carácter urgente.
c) Extraordinarias de carácter especial.
d) Todas las respuestas anteriores son correctas.

4. Las sesiones plenarias han de convocarse, al menos:

a) Con dos días natutrales de antelación.
b) Con dos días hábiles de antelación.
c) Con un día hábil de antelación.
d) Con un día natural de antelación.

5. El Pleno se constituye válidamente con la asistencia de:

a) Del Presidente y del Secretario del Pleno o de quienes legalmente les sustituyan.
b) Un quinto del número legal de miembros del mismo.

c) Un tercio del número legal de miembros del mismo.
d) Las respuestas a y c son correctas.

6. Los proyectos de acuerdo del Alcalde y del resto del equipo de gobierno reciben el nombre de:

a) Decisiones.
b) Acuerdos.
c) Proposiciones.
d) Propuestas.

7. La propuesta de modificación de una propuesta, una proposición o una moción, presentada en la Secretaría por cualquier miembro de la Corporación, recibe el nombre de:

a) Corrección.
b) Revisión.
c) Enmienda.
d) Subsanación.

8. En los debates del Pleno, la duración máxima de las intervenciones será de:

a) Diez minutos durante el primer y segundo turno.
b) Quince minutos durante el primer turno y de diez en el segundo.
c) Diez minutos durante el primer turno y de cinco en el segundo.
d) Quince minutos durante el primer y segundo turno.

9. El Pleno adopta sus acuerdos, como regla general:

a) Por mayoría absoluta.
b) Por mayoría cualificada.
c) Por mayoría absoluta de los miembros presentes.
d) Por mayoría simple de los miembros presentes.

10. Las votaciones del Pleno pueden ser:

a) Extraordinarias, nominales y a mano alzada.
b) Ordinarias, nominales y secretas.
c) Ordinarias, a mano alzada y nominales.
d) Extraordinarias, nominales y secretas.

11. Señale la opción incorrecta. La iniciativa para la aprobación de normas municipales corresponde:

a) A los Concejales.
b) Al Presidente del Pleno.

c) A la Junta de Gobierno Local.
d) A la iniciativa popular.

12. Las iniciativas que se hayan presentado por la Junta de Gobierno, se trami-tarán como:

a) Proyectos.
b) Proposiciones.
c) Acuerdos.
d) Propuestas.

13. Los proyectos de acuerdo de los Concejales, de los Grupos Políticos y los de iniciativa popular reciben el nombre de:

a) Propuestas.
b) Proposiciones.
c) Proyectos.
d) Acuerdos.

14. Las Comisiones del Pleno se constituye válidamente con la asistencia de un tercio del número legal de sus miembros, que nunca podrá ser inferior a:

a) Tres.
b) Dos.
c) No hay mínimo.
d) Uno.

15. Las Comisiones permanentes del Pleno celebran sesiones ordinarias con una periodicidad:

a) Mensual.
b) Semanal.
c) Trimestral.
d) Quincenal.

16. Las solicitudes de comparecencia en Comisión deberán presentarse en la Secreta-ría de la Comisión con una antelación mínima respecto de la sesión correspondiente, de:

a) 10 días.
b) 8 días.
c) 6 días.
d) 15 días.

17. La Secretaría de la Comisión elaborará una relación de las solicitudes de comparecencias pendientes de celebración:

a) Mensualmente.
b) Trimestralmente.

c) Semanalmente.
d) Quincenalmente.

18. Con carácter general, las sesiones de las Comisiones:

a) No son públicas.
b) Son públicas.
c) Siempre serán públicas si lo determina el Presidente.
d) No serán públicas, sólo cuando así lo determina el Presidente.

19. Cuando la Comisión actúe en ejercicio de competencias decisorias delegadas por el Pleno, la sesión tendrá carácter público:

a) Durante el periodo que determine el Pleno.
b) Durante el periodo en que se ejerciten tales competencias.
c) Durante el periodo que determine el Presidente del Pleno.
d) En ningún caso.

20. ¿Qué son los ruegos?

a) Los ruegos son propuestas de actuación formuladas por el Presidente del Pleno.
b) Los ruegos son propuestas de actuación formuladas por los miembros de la Comisión.
c) Los ruegos son preguntas informativas formuladas por los miembros de la Comisión.
d) Los ruegos son preguntas informativas formuladas por el Presidente del Pleno.

21. El orden del día del Pleno del Ayuntamiento de Oviedo:

a) Lo fija la Junta de Portavoces, oído el Presidente, pudiendo ser asistido por el Secretario General.
b) Lo fija el Secretario General, oído la Junta de Portavoces, pudiendo ser asistido por el Presidente.
c) Lo fija el Presidente, oída la Junta de Portavoces, pudiendo ser asistido por el Secretario General.
d) Ninguna es correcta.

22. La organización y funcionamiento del Pleno del Ayuntamiento de Oviedo se rige por su propio Reglamento Orgánico, aprobado en el año:

a) 2002.
b) 2004.
c) 2006.
d) 2008.

23. El titular de la Secretaría General del Pleno:

a) Tiene carácter de órgano directivo y su nombramiento corresponde al Presidente.

b) Tiene carácter de órgano auxiliar y su nombramiento corresponde a la Junta de Portavoces.

c) Tiene carácter de órgano consultivo y su nombramiento corresponde al Pleno del Ayuntamiento.

d) Ninguna es correcta.

24. La celebración del Pleno extraordinario no podrá demorarse, desde que fuera solicitada, más de:

a) 30 días naturales.

b) 20 días hábiles.

c) 15 días hábiles.

d) 10 días hábiles.

25. Únicamente se admitirán enmiendas in voce, cuando sean:

a) Transaccionales o tengan la finalidad de subsanar errores materiales.

b) De supresión o de modificiación sustancial.

c) De adicción.

d) Ninguna es correcta.

Solución al test n.º 11

1. c) El Pleno.

2. a) Al Secretario General del Pleno.

3. d) Todas las respuestas anteriores son correctas.

4. b) Con dos días hábiles de antelación.

5. d) Las respuestas a y c son correctas.

6. d) Propuestas.

7. c) Enmienda.

8. c) Diez minutos durante el primer turno y de cinco en el segundo.

9. d) Por mayoría simple de los miembros presentes.

10. b) Ordinarias, nominales y secretas.

11. b) Al Presidente del Pleno.

12. a) Proyectos.

13. b) Proposiciones.

14. a) Tres.

15. d) Quincenal.

16. c) 6 días.

17. d) Quincenalmente.

18. a) No son públicas.

19. b) Durante el periodo en que se ejerciten tales competencias.

20. b) Los ruegos son propuestas de actuación formuladas por los miembros de la Comisión.

21. c) Lo fija el Presidente, oída la Junta de Portavoces, pudiendo ser asistido por el Secretario General.

22. b) 2004.

23. a) Tiene carácter de órgano directivo y su nombramiento corresponde al Presidente.

24. c) 15 días hábiles.

25. a) Transaccionales o tengan la finalidad de subsanar errores materiales.

TEST N.º 12

El Alcalde y la Junta de Gobierno Local, competencias, delegaciones y estructura municipal; su regulación en el Reglamento Orgánico de Gobierno y Administración del Ayuntamiento de Oviedo

1. ¿ Ante quién responde el Alcalde de su gestión política?

a) Ante la Junta de Gobierno local.
b) Ante el Pleno del Ayuntamiento.
c) Ante el Interventor del Ayuntamiento.
d) Ante el Teniente de Alcalde.

2. ¿A quién corresponde nombrar y cesar a los Presidentes de los Distritos?

a) Al Concejal de Distritos.
b) Al Presidente de la Comisión Jurídica.
c) Al Alcalde.
d) Al Vicealcalde.

3. ¿A quién corresponde la aprobación del proyecto de presupuesto del Ayuntamiento?

a) Al Alcalde.
b) Al Secretario del Ayuntamiento.
c) Al Pleno del Ayuntamiento.
d) A la Junta de Gobierno local.

4. Señale la opción incorrecta. El Alcalde podrá delegar únicamente en los Concejales:

a) La firma de los Convenios.
b) Convocar y presidir las sesiones del Pleno.
c) La Jefatura de la Policía Municipal.
d) Representar al Ayuntamiento.

5. De los bandos del Alcalde adoptados por razones de extraordinaria urgencia, se deberá dar cuenta inmediata:

a) A los Concejales.
b) Al Teniente de Alcalde.
c) A la Junta de Gobierno.
d) Al Pleno.

6. El Alcalde del Ayuntamiento de Oviedo tiene el tratamiento de:

a) Excelencia.
b) Ilustrísima.
c) Sr/a.
d) Señoría.

7. Las órdenes internas dadas por el Alcalde y dirigidas a los servicios municipales, se denominan:

a) Bandos.
b) Ordenanzas.
c) Decretos.
d) Instrucciones.

8. ¿A quién corresponde el nombramiento y el cese de los titulares de los órganos directivos de la Administración municipal?

a) A la Junta de Gobierno local.
b) Al Alcalde.
c) Al Presidente del Pleno del Ayuntamiento.
d) Al Teniente de Alcalde Primero.

9. Los Tenientes de Alcalde tendrán el tratamiento de:

a) Excelencia.
b) Ilustrísima.
c) Sr/a.
d) Señoría.

10. ¿A quién corresponde nombrar y separar libremente a los miembros de la Junta de Gobierno Local?

a) Al Alcalde.
b) Al Pleno.
c) Al Presidente de la Comisión de Gobierno.
d) Al Secretario General.

11. Las sesiones extraordinarias de la Junta de Gobierno local se convocarán por decisión expresa del Alcalde, con una antelación mínima de:

a) Veinticuatro horas.
b) Doce horas.
c) Ocho horas.
d) Quince horas.

12. Las deliberaciones de la Junta de Gobierno Local son:

a) Secretas.
b) Públicas.
c) Públicas, salvo que se decreten secretas por razón de la materia a tratar.
d) Secrtas, salvo que se decreten públicas por razón de la materia a tratar.

13. Los debates en el seno de la Junta de Gobierno Local son dirigidos por:

a) El Secretario General.
b) El Teniente de Alcalde.
c) El Secretario de la Junta de Gobierno.
d) El Alcalde.

14. Señale cuál de los siguientes no es un órgano directivo de la Administración Municipal:

a) Los Concejales Delegados.
b) El Director General de la Asesoría Jurídica.
c) El Interventor General Municipal.
d) El Tesorero General.

15. Señale cuál de los siguientes es/son un/os órgano/s superior/es de la Administración Municipal:

a) Los miembros de la Junta de Gobierno Local.
b) Los Concejales de la Junta de Gobierno.
c) El Alcalde.
d) El Secretario Técnico de la Junta de Gobierno Local.

16. Diseñar la política financiera del Ayuntamiento de Oviedo conforme el Plan de actuación municipal, es competencia de:

a) La Dirección de Gestión económico-financiera y Presupuestaria municipal.
b) La Dirección General de la Gestión Presupuestaria.
c) El Director de Contabilidad.
d) La Tesorería General.

17. Señale cuál de las siguientes no es un Área de gobierno del Ayuntamiento de Oviedo:

a) Área de Hostelería, Turismo y Congresos.
b) Área de Seguridad Ciudadana.
c) Área de Licencias y Disciplina Urbanística, Servicios Básicos.
d) Área de Innovación y Empleo.

18. Señale cuál de las siguientes no es un Área de gobierno del Ayuntamiento de Oviedo:

a) Área de Cultura.
b) Área de Juventud, Festejos y Centros Sociales.
c) Área de Sanidad Pública.
d) Área de Economía, Transformación Digital y Políticas Sociales.

19. El titular de la Tesorería General del Ayuntamiento de Oviedo, ha de ser un funcionario de Administración Local con habilitación de carácter:

a) Nacional.
b) Autonómico.
c) Municipal.
d) Provincial.

20. Señale cuál de los siguientes no es/son un/os órgano/s directivo/s de la Administración Municipal:

a) Los Concejales Presidentes del Distrito.
b) El Secretario General del Pleno.
c) El Director de Contabilidad.
d) El Director General de Gestión Presupuestaria.

21. El nombramiento de los Directores de Área y de los Directores generales se efectuará por:

a) La Junta de Gobierno y a propuesta de la Alcaldía.
b) La Alcaldía y a propuesta del Pleno del Ayuntamiento.
c) La Alcaldía y a propuesta de la Junta de Gobierno.
d) Ninguna es correcta.

22. La Junta de Gobierno Local adopta sus acuerdos, como regla general:

a) Por mayoría cualificada.
b) Por mayoría absoluta de los miembros presentes.

c) Por mayoría simple de los miembros presentes.
d) Ninguna es correcta.

23. Las sesiones urgentes de la Junta de Gobierno han de convocarse:

a) Con una antelación mínima de doce horas.
b) Con una antelación mínima de diez horas.
c) Sin que sea precisa la antelación mínima de veinticuatro horas.
d) Con una antelación mínima de cuarenta y ocho horas.

24. Señale cuál de las siguientes no es un:

a) Área de Servicios Sociales e Inmigración.
b) Área de Educación, Deportes, Salud Pública y Consumo.
c) Área de Planeamiento y Gestión Urbanística, Medio Ambiente, Infraestructuras y Proyectos Estratégicos.
d) Área de Hostelería, Turismo y Congresos.

25. Señale cuál de las siguientes es un Área de gobierno del Ayuntamiento de Oviedo:

a) Área de Cultura y Deportes.
b) Área de Interior, Turismo, Seguridad Ciudadana y Transformación Digital.
c) Área de Interior, Relaciones Institucionales, Atención Ciudadana, Participación y Distritos.
d) Área de Juventud y Cultura.

Solución al test n.º 12

1. b) Ante el Pleno del Ayuntamiento.

2. c) Al Alcalde.

3. d) A la Junta de Gobierno local.

4. c) La Jefatura de la Policía Municipal.

5. d) Al Pleno.

6. a) Excelencia.

7. d) Instrucciones.

8. a) A la Junta de Gobierno local.

9. b) Ilustrísima.

10. a) Al Alcalde.

11. a) Veinticuatro horas.

12. a) Secretas.

13. d) El Alcalde.

14. a) Los Concejales Delegados.

15. d) El Secretario Técnico de la Junta de Gobierno Local.

16. b) La Dirección General de la Gestión Presupuestaria.

17. d) Área de Innovación y Empleo.

18. c) Área de Sanidad Pública.

19. a) Nacional.

20. a) Los Concejales Presidentes del Distrito.

21. a) La Junta de Gobierno y a propuesta de la Alcaldía.

22. c) Por mayoría simple de los miembros presentes.

23. c) Sin que sea precisa la antelación mínima de veinticuatro horas.

24. a) Área de Servicios Sociales e Inmigración.

25. c) Área de Interior, Relaciones Institucionales, Atención Ciudadana, Participación y Distritos.

TEST N.º 13

Régimen de sesiones y acuerdos de los órganos de gobierno local. Actas, certificaciones, comunicaciones, notificaciones y publicación de los acuerdos. El registro de los documentos

1. El Municipio no ejercerá como competencia propia:

a) Tráfico, estacionamiento de vehículos y movilidad.
b) Abastecimiento de agua potable a domicilio.
c) Administración de Justicia.
d) Cementerios y actividades funerarias.

2. El servicio de transporte colectivo urbano de viajeros deberá prestarse en todo caso:

a) En los Municipios con población superior a 5.000 habitantes.
b) En todos los Municipios.
c) En los Municipios con población superior a 50.000 habitantes.
d) En los Municipios con población superior a 20.000 habitantes.

3. El servicio de prevención y extinción de incendios deberá prestarse en todo caso:

a) En los Municipios con población superior a 50.000 habitantes.
b) En los Municipios con población superior a 5.000 habitantes.
c) En los Municipios con población superior a 20.000 habitantes.
d) En todos los Municipios.

4. El servicio de recogida de residuos deberá prestarse en todo caso:

a) En los Municipios con población superior a 20.000 habitantes.
b) En los Municipios con población superior a 5.000 habitantes.
c) En todos los Municipios.
d) En los Municipios con población superior a 50.000 habitantes.

5. La protección civil es servicio mínimo a prestar por los Municipios de más de:

a) 5.000 habitantes.
b) 20.000 habitantes.
c) 50.000 habitantes.
d) Las respuestas b) y c) son ciertas.

6. No es servicio mínimo de un Ayuntamiento de menos de 5.000 habitantes el de:

a) Acceso a los núcleos de población.
b) Alumbrado público.
c) Transporte colectivo urbano de viajeros.
d) Recogida de residuos.

7. Es servicio mínimo de un Ayuntamiento de menos de 5.000 habitantes el de:

a) Servicios funerarios.
b) Medio ambiente urbano.
c) Extinción de incendios.
d) Limpieza viaria.

8. El transporte colectivo urbano de viajeros debe prestarse obligatoriamente en los Municipios de más de:

a) 5.000 habitantes.
b) 10.000 habitantes.
c) 20.000 habitantes.
d) 50.000 habitantes.

9. La evaluación e información de situaciones de necesidad social y la atención inmediata a personas en situación o riesgo de exclusión social, debe prestarse en los Municipios que tengan una población, como mínimo, superior a:

a) 50.000 habitantes.
b) 5.000 habitantes.
c) 20.000 habitantes.
d) 100.000 habitantes.

10. Si se plantea un conflicto de competencias entre dos Ayuntamientos de distintas Provincias de una misma Comunidad Autónoma, se resuelve por el/la/las:

a) Pleno de cada uno de ellos.
b) Ministerio de la Presidencia, Relaciones con las Cortes y Memoria Democrática.
c) Respectivas Diputaciones Provinciales.
d) Comunidad Autónoma.

11. No es una competencia que pueda ser ejercida como propia por el Municipio:

a) La protección y gestión del Patrimonio histórico.
b) Policía nacional y protección civil.
c) La protección contra la contaminación acústica.
d) La protección de la salubridad pública.

12. Los conflictos de competencias planteados entre diferentes Entidades Locales serán resueltos por la Administración de la Comunidad Autónoma o por la Administración del Estado, previa audiencia de:

a) El Senado.
b) Las Comunidades Autónomas afectadas.
c) El Consejo de Estado.
d) El Tribunal Constitucional.

13. Atendiendo a su finalidad fundamental, puede definirse la sesión como:

a) Un acto más del procedimiento.
b) Una reunión de los miembros de la Corporación.
c) Un procedimiento que tiene por objeto la formación y declaración de voluntad del órgano colegiado.
d) Una conferencia expositiva.

14. Las sesiones pueden ser:

a) Ordinarias y extraordinarias.
b) Ordinarias y permanentes.
c) Permanentes y especiales.
d) Ordinarias, extraordinarias y extraordinarias urgentes.

15. La periodicidad de las sesiones extraordinarias es:

a) Como mínimo cada mes en los Ayuntamientos de municipios de más de 20.000 habitante.
b) Cada dos meses en los Ayuntamientos de los municipios de una población entre 5.001 habitantes y 20.000 habitantes.
c) Las sesiones extraordinarias no están sujetas a periodicidad.
d) Cada tres meses en los municipios de hasta 5.000 habitantes.

16. Si el Presidente no convocase el Pleno extraordinario solicitado por la cuarta parte, al menos, del número legal de miembros de la Corporación dentro del plazo de quince días hábiles desde que fuera solicitado:

a) Quedará automáticamente convocado para el décimo día hábil siguiente al de la finalización de dicho plazo, a las once horas.
b) Quedará automáticamente convocado para el undécimo día hábil siguiente al de la finalización de dicho plazo, a las doce horas.

c) Quedará automáticamente convocado para el décimo día hábil siguiente al de la finalización de dicho plazo, a las doce horas.

d) Ninguna respuesta es correcta.

17. La convocatoria de las sesiones dará lugar a la apertura del correspondiente expediente, en el que no deberá constar:

a) La constancia de las tasas que procedan.

b) La relación de expedientes conclusos.

c) La fijación del Orden del Día.

d) Minuta del Acta.

18. En el Orden del Día de las sesiones ordinarias se incluirá el punto de ruegos y preguntas:

a) De todos los asistentes.

b) Siempre.

c) De las asociaciones de vecinos.

d) En determinados casos.

19. ¿Es posible habilitarse otro edificio o local para la celebración de las sesiones?

a) En los casos de fuerza mayor.

b) En ningún caso.

c) Se celebrarán en la Casa Consistorial y si no es posible se suspenderá la sesión.

d) En todo caso, se celebrarán en Palacio Provincial o sede de la Corporación de que se trate.

20. Quien se considere aludido por una intervención podrá solicitar del Alcalde o Presidente:

a) La concesión de un turno por alusiones por tiempo de tres minutos.

b) Retirarse de la sesión.

c) Que se conceda un turno por alusiones, que será breve y conciso.

d) La concesión de un turno por alusiones por tiempo de cinco minutos.

21. ¿En qué consiste la moción?

a) Es la propuesta sometida a Pleno tras el estudio del expediente por la Comisión Informativa.

b) Es la propuesta que se somete a Pleno relativa a un asunto incluido en el Orden del Día sin haber pasado por la Comisión Informativa.

c) Es la propuesta que se somete directamente a conocimiento del Pleno, sobre un asunto no comprendido en el Orden del Día y que no tiene cabida en el punto de ruegos y preguntas.

d) Es la propuesta de modificación de un dictamen formulada por un miembro de la Comisión Informativa.

22. La votación podrá ser:

a) Por nombre y apellidos o por partido político.
b) Nominal, secreta y en voz alta.
c) Secreta y no secreta.
d) Nominal, secreta y ordinaria.

23. La votación secreta:

a) Podrá utilizarse para la aprobación de las Ordenanzas.
b) Solo podrá utilizarse para elección o destitución de personas.
c) Solo podrá utilizarse para la aprobación del Presupuesto.
d) Solo podrá utilizarse para el despido del personal laboral.

24. En los municipios de gran población no se exigirá el voto favorable de la mayoría absoluta del número legal de miembros del Pleno para:

a) La concertación de las operaciones de crédito.
b) Los acuerdos relativos a la participación en organizaciones supramunicipales.
c) La aprobación y modificación de los reglamentos de naturaleza orgánica.
d) Los acuerdos relativos a la delimitación y alteración del término municipal.

25. En los municipios de régimen de gran población se exigirá el voto favorable de la mayoría absoluta del número legal de miembros del Pleno para:

a) La determinación de los recursos propios de carácter tributario.
b) La alteración del nombre y de la capitalidad del municipio.
c) Las dos anteriores son correctas.
d) La aprobación y modificación de los presupuestos.

26. La enajenación de bienes, cuando su cuantía exceda del 20 % de los recursos ordinarios de su presupuesto requerirá:

a) Mayoría simple.
b) Mayoría de dos tercios.
c) Mayoría absoluta.
d) Mayoría de un tercio.

27. Cuando las resoluciones administrativas se dicten por delegación:

a) Se deberá dictar una resolución posterior por la Autoridad delegante.
b) Se acompañará de copia del acuerdo de delegación.
c) Podrá ser revocada en cualquier momento.
d) Se hará constar expresamente esta circunstancia y se considerarán dictadas por la Autoridad que la haya conferido.

28. No se hará constar en el Acta levantada por el Secretario:

a) Día, mes y año.
b) Edad de los miembros asistentes.
c) Asuntos examinados.
d) Hora en que el Presidente levante la sesión.

29. Las certificaciones de todos los actos, resoluciones y acuerdos de los órganos de gobierno de la Entidad:

a) Se expedirán siempre por el Secretario.
b) Se expedirán siempre por el Concejal-Secretario.
c) Se expedirán siempre por el Presidente.
d) Se expedirán siempre por el Secretario, salvo precepto expreso que disponga otra cosa.

30. El Alcalde y el Presidente de la Diputación darán cuenta sucinta a la Corporación, de las resoluciones que hubieren adoptado desde la última sesión plenaria ordinaria:

a) En cada sesión ordinaria del Pleno.
b) En cada sesión de la Junta de Gobierno.
c) En cada sesión convocada al efecto.
d) En cualquier sesión del Pleno.

31. La determinación de la periodicidad de las sesiones plenarias ordinarias se acuerda por el:

a) Propio Pleno en la sesión constitutiva.
b) Alcalde o Presidente.
c) Pleno, con un mínimo de una al mes.
d) Pleno en sesión extraordinaria.

32. Puede pedir la celebración de sesión extraordinaria y debe, por ello, convocarse:

a) Un tercio del número de hecho de miembros de la Corporación.
b) Un tercio del número legal de miembros de la misma.
c) Una cuarta parte de este último número.
d) La décima parte de los mismos.

33. La celebración de una sesión extraordinaria solicitada legalmente, en principio, no debe demorarse, desde que se solicitó, por más de:

a) Cuatro días hábiles.
b) Dos meses.
c) Quince días hábiles.
d) Cuando lo estime oportuno el Alcalde, sin límite de tiempo.

34. Las sesiones extraordinarias se convocarán como mínimo:

a) Dos días naturales antes.
b) Veinticuatro horas antes.
c) Dos días hábiles antes.
d) No se requiere plazo alguno.

35. Las sesiones extraordinarias urgentes deben convocarse con una antelación mínima de:

a) Cuatro días.
b) Dos días naturales.
c) Dos días hábiles.
d) Nada de lo anterior es cierto.

36. Debe motivarse la convocatoria de:

a) Todas las sesiones.
b) Las ordinarias.
c) Las extraordinarias.
d) Ninguna de ellas.

37. Las sesiones que deben comenzar con un pronunciamiento sobre su urgencia son:

a) Todas.
b) Las extraordinarias.
c) Las ordinarias.
d) Las extraordinarias urgentes.

38. El orden del día de las sesiones:

a) Se adjunta a la convocatoria.
b) Se incluye en esta.
c) Se entrega antes de comenzar la sesión, una vez constituida.
d) Ninguna de las respuestas anteriores es correcta.

39. Pueden solicitar que un asunto se estudie en una sesión de Pleno sin haber sido dictaminado por la Comisión Informativa respectiva:

a) Solo el Alcalde.
b) Las Comisiones Informativas.
c) Los Portavoces de los Grupos Políticos.
d) Cualquier Concejal.

40. Se requiere ratificación de la inclusión de un asunto en el Orden del Día:

a) En caso de que se lleve por urgencias.
b) Si no se ha dictaminado previamente por la Comisión pertinente.
c) En los dos casos anteriores.
d) En cualquier caso.

41. Los ruegos y preguntas se incluyen en las sesiones:

a) De todo tipo.
b) Ordinarias.
c) Extraordinarias.
d) Urgentes.

42. La declaración de urgencia de un asunto no incluido en el orden del día requiere:

a) Decreto del Presidente.
b) Que sea sesión extraordinaria.
c) Mayoría absoluta del número legal de miembros.
d) Informe del Secretario General.

43. Un acuerdo sobre un asunto urgente que no haya sido considerado tal es:

a) Irregular.
b) Válido.
c) Nulo.
d) Anulable.

44. Puede redactarse en catalán una convocatoria u orden del día:

a) En cualquier caso.
b) Cuando así lo acuerde la propia Corporación.
c) En cualquier sesión de una Corporación Local.
d) Cuando sea lengua oficial.

45. Para declarar secreto el debate de un asunto en un Pleno se requiere:

a) Decreto del Alcalde o Presidente.
b) Que así se fije en la convocatoria.
c) Que lo acuerde la mayoría de los miembros.
d) Que se acuerde por mayoría absoluta de estos.

46. Para celebrar una sesión fuera de la sede de la Corporación se requiere:

a) Resolución de la Presidencia.
b) Acuerdo del órgano de que se trate.

c) Caso fortuito.
d) Nada de lo anterior, pues puede hacerse en cualquier caso y momento.

47. Terminar una sesión el mismo día en que comienza es:

a) Obligatorio.
b) La regla general.
c) Lo anormal.
d) Preceptivo en las ordinarias.

48. Como regla general, el mínimo de quórum para constituir válidamente el Pleno es de:

a) Un tercio del número legal de miembros.
b) Asistencia del Presidente y el Secretario, exclusivamente.
c) Tres miembros.
d) Depende de la convocatoria en que se celebra.

49. Si no hay quórum en la constitución de una sesión del Pleno se:

a) Celebra media hora después.
b) Celebra con carácter deliberante.
c) Convoca a la misma hora dos días después.
d) Entiende automáticamente convocada, a la misma hora, dos días después.

50. Si una vez constituida la sesión, quedaran menos de tres miembros en la misma se:

a) Levanta la misma.
b) Adoptan acuerdos que no requieran mayoría cualificada.
c) Puede adoptar cualquier acuerdo.
d) Entiende convocada la sesión dos días después.

51. Deben comunicarse a la Alcaldía las ausencias del término municipal de un Concejal que excedan de:

a) Dos días.
b) Un día.
c) Ocho días.
d) No es necesario hacerlo.

52. El Alcalde de un Municipio con población de trescientos mil habitantes puede sancionar a los miembros que no asistan a las sesiones con:

a) Separación del cargo.
b) Reprobación oficial.

c) Multa.
d) Suspensión provisional.

53. Un miembro no puede hacer uso de la palabra en una sesión:

a) Extraordinaria del Pleno o de la Junta de Gobierno Local.
b) Salvo por su Portavoz.
c) Cuando se vote.
d) Puede hacerlo en cualquier momento.

54. Las interrupciones en las sesiones del Pleno:

a) Solo se dan para que pueda informar un particular sobre un asunto concreto.
b) Están prohibidas.
c) Las señala discrecionalmente el Presidente de la sesión.
d) Se realizan siempre antes de votar, para deliberar.

55. La propuesta de modificación de un dictamen formulada por un miembro de la Comisión Informativa se denomina:

a) Moción.
b) Enmienda.
c) Voto particular.
d) Proposición.

56. A cualquier cuestión planteada a los órganos de gobierno en el seno del Pleno se le llama:

a) Voto particular.
b) Pregunta.
c) Ruego.
d) Moción.

57. En las Asambleas Vecinales de una Entidad de ámbito territorial inferior al municipal, los acuerdos se adoptan por:

a) El Alcalde Pedáneo.
b) Mayoría simple.
c) Mayoría absoluta.
d) Unanimidad.

58. Las sesiones extraordinarias de la Junta de Gobierno Local se celebran como mínimo cada:

a) Mes.
b) Quince días.

c) Dos meses.
d) No tienen un mínimo preestablecido.

59. El día y hora de celebración de las sesiones ordinarias de la Junta de Gobierno Local los fija el/la:

a) Reglamento Orgánico.
b) Pleno.
c) Presidente.
d) Ley.

60. Entre la convocatoria y la celebración de la sesión ordinaria de esta Junta de Gobierno Local deben transcurrir:

a) No menos de veinticuatro horas.
b) Setenta y dos horas.
c) Dos días hábiles.
d) Dos días naturales.

61. Las sesiones de la Junta de Gobierno Local son:

a) Públicas.
b) No públicas siempre.
c) A puerta cerrada, salvo votación por mayoría absoluta.
d) Solo deliberantes.

62. Si no hay quórum en primera convocatoria se celebra la reunión de la Junta de Gobierno Local:

a) Una hora después.
b) A los dos días.
c) A la media hora.
d) El día siguiente.

63. Las conclusiones de la Junta de Gobierno Local en reuniones deliberantes se denominan:

a) Dictámenes.
b) Acuerdos.
c) Resoluciones.
d) Instrucciones.

64. Cuando asiste al Presidente, la Junta de Gobierno Local:

a) Adopta acuerdos.
b) Emana dictámenes.

c) Realiza votaciones formales.
d) Expide Decretos.

65. Para votar nominalmente debe acordarse por el/los:

a) Grupos Políticos.
b) Pleno.
c) Alcalde o Presidente.
d) Pleno en votación secreta.

66. La forma de votación prevista con carácter exclusivo para elección de personas es la:

a) Ordinaria.
b) Nominal.
c) A mano alzada.
d) Secreta.

67. La votación por papeletas es la:

a) Forma prohibida.
b) Nominal.
c) Secreta.
d) Ordinaria.

68. Puede delegarse el voto en:

a) Un Concejal del mismo Grupo Político.
b) El Portavoz del Grupo Político.
c) El Presidente.
d) Nadie.

69. Si persiste un empate en una segunda votación se:

a) Celebra una nueva sesión.
b) Lo dirime el Presidente o Alcalde.
c) Levanta la sesión.
d) Efectúa un sorteo.

70. Se requiere quórum de mayoría absoluta del número legal de miembros del Ayuntamiento de un Municipio de régimen común para aprobar:

a) Una delegación de competencias en la Junta de Gobierno Local.
b) La alteración de la calificación jurídica de los bienes comunales.
c) Una Ordenanza de Mercados.
d) Para todos ellos.

71. Si el Ayuntamiento de un Municipio de régimen común pretende vender un bien patrimonial que no supera el 10 % de los recursos ordinarios de Presupuesto, se requiere:

a) Mayoría simple.
b) Mayoría absoluta.
c) Dos tercios del número legal de miembros.
d) Dos tercios del número de hecho de estos.

72. La municipalización de una actividad en monopolio requiere quórum cualificado de:

a) Ningún tipo.
b) Mayoría absoluta del número legal de miembros.
c) Mayoría absoluta del número de hecho de estos.
d) Dos terceras partes del número de hecho y, en todo caso, mayoría absoluta del número legal de miembros.

73. En las Comisiones Informativas, ¿quién decide en caso de empate en las votaciones?

a) El Pleno.
b) El miembro más antiguo, con voto de calidad.
c) El miembro de mayor edad, con voto especial.
d) El Presidente con voto de calidad.

74. Los traslados de una resolución del Alcalde se efectúan por el:

a) Propio Alcalde.
b) Encargado del Registro.
c) Responsable de la Secretaría General.
d) Jefe de la Dependencia.

75. El plazo general de notificación de una providencia de trámite:

a) No existe, pues esta no se notifica.
b) Es de veinticuatro horas.
c) Es de diez días.
d) Depende del asunto de que se trate.

76. Las Ordenanzas Municipales:

a) Se notifican.
b) Se publican.
c) Según los casos, se notifican o publican.
d) Solo se comunican.

77. Se debe remitir copia o extracto de las resoluciones y acuerdos de los órganos de gobierno de las Entidades Locales al/a:

a) Boletín Oficial de la Provincia o de la Comunidad Autónoma uniprovincial.
b) Subdelegado del Gobierno en la provincia o Delegado del Gobierno de la Nación (si se trata de una Comunidad Autónoma uniprovincial) y a la Administración de la Comunidad Autónoma.
c) Jefe del Servicio de Información de cada Corporación.
d) Todos los anteriores.

78. El responsable de extender las actas de una sesión del Pleno es el:

a) Presidente de la Corporación.
b) Miembro de la misma que se designe en dicha sesión.
c) Secretario.
d) Cualquiera de los anteriores puede hacerlo.

79. En las actas ha de hacerse constar nominalmente el sentido del voto:

a) En todo caso.
b) Cuando lo ordene el Presidente.
c) Cuando lo pidan los interesados.
d) Solo en las votaciones secretas.

80. En el supuesto de que una sesión no llegue a celebrarse:

a) Se reflejará este pormenor en el acta de la misma.
b) Se sustituye el acta por una diligencia del Secretario haciéndolo notar.
c) No se efectúa ninguna actuación de la que derive la constancia de esta incidencia.
d) Firmarán el acta de la sesión no celebrada solo los asistentes.

81. Los borradores de las actas:

a) Se aprueban por el Secretario General.
b) Se aprueban al finalizar la sesión a que se refieran.
c) Los redacta el Presidente y se aprueban en la siguiente sesión.
d) Nada de lo anterior es cierto.

82. La apertura del libro de Actas se diligencia por:

a) El Secretario.
b) El Alcalde.
c) Los dos anteriores.
d) Un Juez o un Notario.

83. Si un Juez solicita la remisión del Libro de Actas:

a) Se efectuará la misma a través del Presidente de la Corporación.
b) Se realizará una fotocopia del Libro, antes de remitírselo, para que quede constancia en la Corporación.
c) El Secretario General deberá llevarlo personalmente y permitir que solo se examine el Libro en su presencia.
d) No se le enviará bajo ningún pretexto.

84. Las certificaciones de los acuerdos del Pleno se expiden por:

a) El Secretario General por sí solo.
b) Orden del Presidente, efectuándolas el Secretario.
c) Presidente o Alcalde.
d) Jefe de la Unidad correspondiente.

85. La expedición de una certificación sobre un acuerdo adoptado en una sesión plenaria cuya acta no ha sido aprobada aún:

a) Está prohibida.
b) Se podrá realizar, haciendo constar expresamente este pormenor.
c) Carece de validez.
d) Puede efectuarse sin limitación alguna, dado el carácter de fedatario público del Secretario General.

86. Las resoluciones del Alcalde se transcriben en:

a) El Libro de Actas del Pleno.
b) El Libro de Actas de la Junta de Gobierno Local si las adoptó asistido por esta.
c) Un Libro específico para las mismas.
d) El Tablón de Edictos de la Corporación exclusivamente.

87. El Alcalde ha de dar cuenta sucinta de las resoluciones que adopte:

a) Al Pleno, en la sesión ordinaria posterior a su adopción.
b) A la Junta de Gobierno Local en la siguiente sesión que celebre.
c) A los Portavoces de los Grupos Políticos representados en la Corporación.
d) En ningún caso, al provenir de un órgano unipersonal.

88. Con carácter general, la Junta de Gobierno Local, existe en todos los Municipios con población superior a:

a) 500 habitantes.
b) 1.000 habitantes.
c) 3.000 habitantes.
d) 5.000 habitantes.

89. La propuesta que se somete directamente a conocimiento del Pleno, sobre un asunto no comprendido en el Orden del Día y que no tiene cabida en el punto de ruegos y preguntas, se denomina:

a) Proposición.
b) Moción.
c) Enmienda.
d) Ruego.

90. ¿Cuál es el sistema normal de votación en las Corporaciones Locales?

a) El nominal.
b) El secreto.
c) El ordinario.
d) El público.

91. Las Comisiones Informativas, estarán obligados a convocar sesión extraordinaria cuando lo solicite al menos:

a) La cuarta parte de sus miembros.
b) La quinta parte de sus miembros.
c) El Presidente.
d) Un miembro.

92. El funcionamiento de las Juntas de Distrito se rige por las normas que acuerde:

a) La Junta de Gobierno Local.
b) El Alcalde.
c) El Pleno.
d) El Presidente de la Junta de Distrito.

93. Los acuerdos emanados de los Presidentes de las Entidades Locales, denominados Resoluciones, adoptan la forma de:

a) Dictámenes del Presidente.
b) Reales Decreto de la Presidencia.
c) Acuerdos de la Presidencia.
d) Decreto de la Presidencia.

94. Como regla general, los actos de las Entidades Locales son:

a) Inmediatamente ejecutivos.
b) Ejecutivos cuando así lo disponga la norma.
c) Nunca son ejecutivos.
d) Ejecutivos a los veinte días de su firmeza.

Solución al test n.º 13

1. c) Administración de Justicia.

2. c) En los Municipios con población superior a 50.000 habitantes.

3. c) En los Municipios con población superior a 20.000 habitantes.

4. c) En todos los Municipios.

5. b) 20.000 habitantes.

6. c) Transporte colectivo urbano de viajeros.

7. d) Limpieza viaria.

8. d) 50.000 habitantes.

9. c) 20.000 habitantes.

10. d) Comunidad Autónoma.

11. b) Policía nacional y protección civil.

12. b) Las Comunidades Autónomas afectadas.

13. c) Un procedimiento que tiene por objeto la formación y declaración de voluntad del órgano colegiado.

14. d) Ordinarias, extraordinarias y extraordinarias urgentes.

15. c) Las sesiones extraordinarias no están sujetas a periodicidad.

16. c) Quedará automáticamente convocado para el décimo día hábil siguiente al de la finalización de dicho plazo, a las doce horas.

17. a) La constancia de las tasas que procedan.

18. b) Siempre.

19 a) En los casos de fuerza mayor.

20. c) Que se conceda un turno por alusiones, que será breve y conciso.

21. c) Es la propuesta que se somete directamente a conocimiento del Pleno, sobre un asunto no comprendido en el Orden del Día y que no tiene cabida en el punto de ruegos y preguntas.

22. d) Nominal, secreta y ordinaria.

23. b) Solo podrá utilizarse para elección o destitución de personas.

24. a) La concertación de las operaciones de crédito.

25. b) La alteración del nombre y de la capitalidad del municipio.

26. c) Mayoría absoluta.

27. d) Se hará constar expresamente esta circunstancia y se considerarán dictadas por la Autoridad que la haya conferido.

28. b) Edad de los miembros asistentes.

29. d) Se expedirán siempre por el Secretario, salvo precepto expreso que disponga otra cosa.

30. a) En cada sesión ordinaria del Pleno.

31. d) Pleno en sesión extraordinaria.

32. c) Una cuarta parte de este último número.

33. c) Quince días hábiles.

34. c) Dos días hábiles antes.

35. d) Nada de lo anterior es cierto.

36. c) Las extraordinarias.

37. d) Las extraordinarias urgentes.

38. a) Se adjunta a la convocatoria.

39. c) Los Portavoces de los Grupos Políticos.

40. b) Si no se ha dictaminado previamente por la Comisión pertinente.

41. b) Ordinarias.

42. c) Mayoría absoluta del número legal de miembros.

43. c) Nulo.

44. d) Cuando sea lengua oficial.

45. d) Que se acuerde por mayoría absoluta de estos.

46. a) Resolución de la Presidencia.

47. b) La regla general.

48. a) Un tercio del número legal de miembros.

49. d) Entiende automáticamente convocada, a la misma hora, dos días después.

50. a) Levanta la misma.

51. c) Ocho días.

52. c) Multa.

53. c) Cuando se vote.

54. c) Las señala discrecionalmente el Presidente de la sesión.

55. c) Voto particular.

56. b) Pregunta.

57. b) Mayoría simple.

58. d) No tienen un mínimo preestablecido.

59. c) Presidente.

60. a) No menos de veinticuatro horas.

61. b) No públicas siempre.

62. a) Una hora después.

63. a) Dictámenes.

64. b) Emana dictámenes.

65. b) Pleno.

66. d) Secreta.

67. c) Secreta.

68. d) Nadie.

69. b) Lo dirime el Presidente o Alcalde.

70. b) La alteración de la calificación jurídica de los bienes comunales.

71. a) Mayoría simple.

72. b) Mayoría absoluta del número legal de miembros.

73. d) El Presidente con voto de calidad.

74. c) Responsable de la Secretaría General.

75. c) Es de diez días.

76. b) Se publican.

77. b) Subdelegado del Gobierno en la provincia o Delegado del Gobierno de la Nación (si se trata de una Comunidad Autónoma uniprovincial) y a la Administración de la Comunidad Autónoma.

78. c) Secretario.

79. c) Cuando lo pidan los interesados.

80. b) Se sustituye el acta por una diligencia del Secretario haciéndolo notar.

81. d) Nada de lo anterior es cierto.

82. a) El Secretario.

83. d) No se le enviará bajo ningún pretexto.

84. b) Orden del Presidente, efectuándolas el Secretario.

85. b) Se podrá realizar, haciendo constar expresamente este pormenor.

86. c) Un Libro específico para las mismas.

87. a) Al Pleno, en la sesión ordinaria posterior a su adopción.

88. d) 5.000 habitantes.

89. b) Moción.

90. c) El ordinario.

91. a) La cuarta parte de sus miembros.

92. c) El Pleno.

93. d) Decreto de la Presidencia.

94. a) Inmediatamente ejecutivos.

TEST N.º 14-15-16

Clases de personal al servicio de las Administraciones Públicas. Estructuración del empleo público: Cuerpos y Escalas. Grupos de clasificación. Normativa sobre función pública. Clases de funcionarios de Administración Local. Oferta de Empleo Público. La carrera Administrativa: la promoción profesional y la provisión de puestos de trabajo. La formación y el perfeccionamiento. El acceso a los empleos locales: Principios reguladores. Requisitos. Sistemas selectivos. Adquisición y pérdida de la condición de empleado público

1. ¿A qué dos principios ha de atender la designación del personal directivo profesional de las Administraciones Públicas?

a) Publicidad y concurrencia.
b) Legalidad e igualdad.
c) Capacidad y mérito.
d) Idoneidad y transparencia.

2. ¿Cuál es el órgano competente para la imposición de sanciones disciplinarias a los funcionarios de administración local con habilitación de carácter nacional, cuando la sanción que recaiga sea por falta muy grave, tipificada en la normativa básica estatal?

a) El Presidente del Gobierno.
b) El Consejo de Estado.
c) El Ministro de Hacienda y Función Pública.
d) Cualquiera de los anteriores.

3. Para el acceso a los cuerpos o escalas del Grupo B se exigirá estar en posesión del:

a) Título de Técnico Superior.
b) Título de Bachiller.
c) Título de Técnico.
d) Título universitario de Grado.

4. Indica una de las notas características de los funcionarios de carrera:

a) Desempeño de servicios de carácter permanente.
b) Nombramiento legal, hecho por Autoridad competente.
c) Los puestos de trabajo que desempeñan han de figurar en la Plantilla orgánica y en el Registro de Personal.
d) Todas las respuestas son correctas.

5. ¿Cómo se denomina al personal que, en virtud de nombramiento y con carácter no permanente, solo realiza funciones expresamente calificadas como de confianza o asesoramiento especial, siendo retribuido con cargo a los créditos presupuestarios consignados para este fin?

a) Personal Laboral.
b) Personal Eventual.
c) Funcionarios interinos.
d) Funcionarios de carrera.

6. Señala la respuesta incorrecta respecto al personal eventual:

a) Su nombramiento y cese serán libres.
b) La condición de personal eventual podrá constituir mérito para el acceso a la Función Pública.
c) Su cese tendrá lugar, en todo caso, cuando se produzca el de la autoridad a la que se preste la función de confianza o asesoramiento.
d) Le será aplicable, en lo que sea adecuado a la naturaleza de su condición, el régimen general de los funcionarios de carrera.

7. La selección de todo el personal, sea funcionario o laboral, debe realizarse de acuerdo con la Oferta de Empleo Público, mediante convocatoria pública y a través del sistema de Concurso, Oposición o Concurso-Oposición libres en los que garanticen, en todo caso, los principios constitucionales de:

a) Capacidad, mérito, objetividad y legalidad.
b) Publicidad, eficacia, eficiencia, mérito y capacidad.
c) Igualdad, mérito y capacidad, así como el de publicidad.
d) Legalidad, publicidad, transparencia, mérito y capacidad.

8. Para poder participar en los concursos de provisión de puestos de trabajo o ser nombrados con carácter provisional en otro puesto de trabajo, salvo en el ámbito de una misma Entidad Local, los funcionarios deberán permanecer en cada puesto de trabajo, obtenido por concurso, un mínimo de:

a) Cinco años.
b) Tres años.

c) Dos años.
d) Un año.

9. Los titulares de la Secretaría-Intervención ejercerán sus funciones en las Secretarías de clase tercera, es decir, de Ayuntamientos de Municipios:

a) Con población inferior a 5.001 habitantes y cuyo Presupuesto no exceda de 3.010.060 euros.
b) Con población inferior a 3.001 habitantes y cuyo Presupuesto no exceda de 2.999.000 euros.
c) Con población inferior a 2.501 habitantes y cuyo Presupuesto no exceda de 1.500.060 euros.
d) Con población inferior a 1.00 habitantes y cuyo Presupuesto no exceda de 1.010.060 euros.

10. ¿A qué Subescala pertenecen los funcionarios que realicen tareas administrativas, normalmente de trámite y colaboración?

a) A la Subescala Técnica de Administración General.
b) A la Subescala de Gestión de Administración General.
c) A la Subescala Administrativa de Administración General.
d) A la Subescala Auxiliar de Administración General.

11. ¿A qué Subescala pertenecen los funcionarios que realicen tareas de mecanografía y taquigrafía?

a) A la Subescala Técnica de Administración General.
b) A la Subescala de Gestión de Administración General.
c) A la Subescala Administrativa de Administración General.
d) A la Subescala Auxiliar de Administración General.

12. A tenor del art. 169.2 TR/86, ¿qué titulación se precisa para ingresar en la Subescala Administrativa?

a) Licenciado en Derecho, en Ciencias Políticas, Económicas o Empresariales, Intendente Mercantil o Actuario.
b) Bachiller, Formación Profesional de Segundo Grado, o equivalente.
c) Graduado Escolar, Formación Profesional de Primer Grado o equivalente.
d) Certificado de Escolaridad.

13. Salvo que el Ministerio de Política Territorial autorice su creación en los de censo inferior, la Policía Local solo existirá en los Municipios con población superior a:

a) 1.500 habitantes.
b) 3.000 habitantes.

c) 4.000 habitantes.
d) 5.000 habitantes.

14. Los empleos de Inspector y Subinspector de Policía Local solo podrán crearse en los Municipios de más de:

a) 25.000 habitantes.
b) 50.000 habitantes.
c) 75.000 habitantes.
d) 100.000 habitantes.

15. Los miembros de los Cuerpos de Policía Local, en el ejercicio de sus funciones, tendrán a todos los efectos legales el carácter de:

a) Agentes de la Autoridad.
b) Autoridad.
c) Delegados de la Autoridad.
d) Auxiliares de la Autoridad.

16. Señala la respuesta incorrecta respecto al régimen jurídico del personal laboral:

a) La Jurisdicción competente en esta materia es la Contencioso-Administrativa.
b) Dentro de este personal, por razón de la fijeza de su vinculación a la Entidad de que se trate, se distingue entre los contratados indefinidamente y los contratados temporalmente.
c) La selección de este personal se hará por concurso, concurso-oposición u oposición libre.
d) La contratación de este personal corresponde al Alcalde o al Presidente de la Diputación Provincial, a quien compete, también, la asignación del mismo a los distintos puestos de trabajo de carácter laboral previstos en las Relaciones de Puestos de Trabajo aprobadas por la Corporación, de acuerdo con la legislación laboral.

17. Los Ayuntamientos de Municipios con población superior a 50.000 y no superior a 75.000 habitantes podrán incluir en sus plantillas puestos de trabajo de personal eventual por un número que no podrá exceder de:

a) Uno.
b) Dos.
c) Siete.
d) La mitad de concejales de la Corporación local.

18. ¿Con qué frecuencia publicarán las Corporaciones locales en su sede electrónica y en el Boletín Oficial de la Provincia o, en su caso, de la Comunidad Autónoma uniprovincial el número de los puestos de trabajo reservados a personal eventual?

a) Cada cinco años.
b) Cada dos años.
c) Anualmente.
d) Semestralmente.

19. ¿Qué norma aprobó el Estatuto Básico del Empleado Público?

a) El Real Decreto 33/2005, de 1 de octubre.
b) La Ley 3/2007, de 9 de febrero.
c) La Ley 7/2007, de 12 de abril.
d) El Real Decreto Legislativo 5/2015, de 30 de octubre.

20. ¿Cómo se denomina al personal que en virtud de contrato de trabajo formalizado por escrito, en cualquiera de las modalidades de contratación de personal previstas en la legislación laboral, presta servicios retribuidos por las Administraciones Públicas?

a) Interino.
b) De carrera.
c) Eventual.
d) Laboral.

21. No se rigen por el Derecho Administrativo el/los:

a) Funcionarios.
b) Personal Laboral.
c) Personal Eventual.
d) Interinos.

22. Los puestos de confianza o asesoramiento especial se suelen reservar al/a los:

a) Políticos.
b) Personal Eventual.
c) Personal Laboral.
d) Funcionarios.

23. Los interinos ocupan provisionalmente puestos que pueden ser desempeñados por:

a) Contratados temporales.
b) Personal eventual.
c) Funcionarios.
d) Personal Laboral.

24. La titulación exigible para ser funcionario del grupo B según el Real Decreto Legislativo 5/2015, de 30 de octubre, por el que se aprueba el texto refundido de la Ley del Estatuto Básico del Empleado Público, es:

a) Título de Bachiller o Técnico..
b) Título de Graduado en Educación Secundaria Obligatoria
c) Título de Técnico Superior.
d) Título de ESO.

25. Junto a los principios de igualdad, mérito y capacidad, en la selección de los funcionarios, se debe seguir el de:

a) Imparcialidad.
b) Publicidad.
c) Profesionalidad.
d) Concurrencia.

26. La Oferta de Empleo de un Municipio de gran población debe aprobarla el/la:

a) Pleno.
b) Junta de Personal.
c) Presidente.
d) Junta de Gobierno Local.

27. El sistema normal de selección de los laborales es el/la:

a) Oposición libre.
b) Concurso.
c) Concurso-oposición.
d) Todas las respuestas anteriores son correctas.

28. La titulación exigible para ser funcionario del grupo C1, según el Real Decreto Legislativo 5/2015, de 30 de octubre, por el que se aprueba el texto refundido de la Ley del Estatuto Básico del Empleado Público, es:

a) Título de Bachiller o Técnico.
b) Título de Graduado en Educación Secundaria Obligatoria
c) Título de Técnico Superior.
d) Título de ESO.

29. Siguiendo las nuevas titulaciones, se exigirá título de Graduado en Educación Secundaria Obligatoria para pertenecer al Subgrupo:

a) A1.
b) B2.
c) C1.
d) C2.

30. El Texto Refundido de la Ley del Estatuto Básico del Empleado Público se aprobó por:

a) Real Decreto Legislativo 12/2007, de 13 de marzo.
b) Real Decreto Legislativo 5/2012, de 13 de mayo.

c) Real Decreto Legislativo 5/2015, de 30 de octubre.
d) Real Decreto Legislativo 3/2015, de 14 de abril.

31. Los Concursos de Méritos para proveer puestos de trabajo los resuelve, en un Municipio de régimen común, el/la:

a) Pleno.
b) Junta de Gobierno Local.
c) Presidente de la Corporación.
d) Junta de Personal.

32. Los sistemas de provisión de puestos de funcionarios son:

a) La oposición.
b) El concurso de méritos.
c) La libre designación.
d) Las respuestas b) y c) son ciertas.

33. La constitución del Registro de Personal:

a) Se efectúa a nivel estatal.
b) Es facultativa para las Corporaciones Locales.
c) Es obligatoria para las Corporaciones Locales.
d) Se supedita a la voluntad de la correspondiente Comunidad Autónoma.

34. No puede ser Técnico de Administración General un Licenciado en:

a) Sociología.
b) Ciencias Políticas.
c) Derecho.
d) Ciencias Empresariales.

35. La reserva del 50 % de plazas para promoción interna es:

a) Obligatoria.
b) Facultativa.
c) Anormal.
d) Ilegal.

36. La antigüedad para entrar en el cupo de promoción interna es, como regla general, de:

a) Cinco años.
b) Tres años.
c) Dos años.
d) Depende de la plaza.

37. Pertenece a la Subescala de Servicios Especiales un:

a) Ingeniero Industrial al servicio de una Corporación Local.
b) Técnico de Administración General.
c) Suboficial del Servicio de Extinción de Incendios.
d) Contratado laboralmente.

38. Dentro del Personal de Oficios el escalón inferior lo ocupan los:

a) Ayudantes.
b) Peones.
c) Operarios.
d) Oficiales.

39. El número de Personal Eventual que haya de existir en un Municipio de régimen común se fija por el/la:

a) Pleno.
b) Alcalde o Presidente.
c) Comunidad Autónoma respectiva.
d) Junta de Gobierno Local.

40. Respecto del Personal Eventual, ha de publicarse en el Boletín Oficial de la Provincia:

a) Las sanciones que se le impongan.
b) El nombramiento y cese.
c) La concesión de menciones honoríficas.
d) Ninguna de las respuestas anteriores es correcta.

41. Tiene especial trascendencia en la regulación de las relaciones laborales del Personal Laboral el/la:

a) Texto Refundido de la Ley del Estatuto de los Trabajadores.
b) Legislación general de funcionarios.
c) Convenio Colectivo propio.
d) Las respuestas a) y c) son correctas.

42. Un Decreto de un Presidente de una Diputación Provincial despidiendo a un laboral al servicio de la misma:

a) Es nulo de pleno derecho al dictarse por órgano manifiestamente incompetente.
b) Basta para que se lleve a cabo dicho despido.
c) Debe ser ratificado por el Pleno de la Corporación.
d) Ha de confirmarse ante el correspondiente Juzgado de lo Social.

43. La no concurrencia con la actividad de la empresa, respecto de este Personal Laboral:

a) Es un derecho del mismo.

b) Significa que pueden trabajar en la esfera privada, haciendo la competencia a la propia Corporación.

c) Le impide desempeñar cualquier tipo de trabajo fuera de la Corporación.

d) Es un deber del mismo, por el cual no puede hacerle la competencia a la Corporación.

Solución al test n.º 14-15-16

1. c) Capacidad y mérito.

2. c) El Ministro de Hacienda y Función Pública.

3. a) Título de Técnico Superior.

4. d) Todas las respuestas son correctas.

5. b) Personal Eventual.

6. b) La condición de personal eventual podrá constituir mérito para el acceso a la Función Pública.

7. c) Igualdad, mérito y capacidad, así como el de publicidad.

8. c) Dos años.

9. a) Con población inferior a 5.001 habitantes y cuyo Presupuesto no exceda de 3.010.060 euros.

10. c) A la Subescala Administrativa de Administración General.

11. d) A la Subescala Auxiliar de Administración General.

12. b) Bachiller, Formación Profesional de Segundo Grado, o equivalente.

13. d) 5.000 habitantes.

14. d) 100.000 habitantes.

15. a) Agentes de la Autoridad.

16. a) La Jurisdicción competente en esta materia es la Contencioso-Administrativa.

17. d) La mitad de concejales de la Corporación local.

18. d) Semestralmente.

19. d) El Real Decreto Legislativo 5/2015, de 30 de octubre.

20. d) Laboral.

21. b) Personal Laboral.

22. b) Personal Eventual.

23. c) Funcionarios.

24. c) Título de Técnico Superior.

25. b) Publicidad.

26. d) Junta de Gobierno Local.

27. d) Todas las respuestas anteriores son correctas.

28. a) Título de Bachiller o Técnico.

29. d) C2.

30. c) Real Decreto Legislativo 5/2015, de 30 de octubre.

31. c) Presidente de la Corporación.

32. d) Las respuestas b) y c) son ciertas.

33. c) Es obligatoria para las Corporaciones Locales.

34. a) Sociología.

35. b) Facultativa.

36. c) Dos años.

37. c) Suboficial del Servicio de Extinción de Incendios.

38. c) Operarios.

39. a) Pleno.

40. d) Ninguna de las respuestas anteriores es correcta.

41. d) Las respuestas a) y c) son correctas.

42. b) Basta para que se lleve a cabo dicho despido.

43. d) Es un deber del mismo, por el cual no puede hacerle la competencia a la Corporación.

TEST N.º 17

Los derechos y deberes de los funcionarios locales. Derechos individuales. Derechos colectivos. Sindicación y representación. El derecho de huelga. La negociación colectiva. Principios y valores de la Función Pública. Ética del Servicio Público. Los deberes de los funcionarios locales. El régimen disciplinario. El régimen de responsabilidad civil, penal y patrimonial. El régimen de incompatibilidades

1. ¿De cuánto tiempo disfrutarán los empleados públicos por traslado de domicilio sin cambio de residencia?

a) De dos días.
b) De un día.
c) De dos horas.
d) De un máximo de seis horas.

2. Señala la respuesta incorrecta respecto de los derechos de los funcionarios públicos:

a) Por razones de guarda legal, cuando el funcionario tenga el cuidado directo de algún menor de doce años, de persona mayor que requiera especial dedicación, o de una persona con discapacidad que no desempeñe actividad retribuida, tendrá derecho a la reducción de su jornada de trabajo, sin disminución de sus retribuciones.

b) Por lactancia de un hijo menor de doce meses, la funcionaria tendrá derecho a una hora de ausencia del trabajo que podrá dividir en dos fracciones.

c) Por nacimiento de hijos prematuros o que por cualquier otra causa deban permanecer hospitalizados a continuación del parto, la funcionaria o el funcionario tendrá derecho a ausentarse del trabajo durante un máximo de dos horas diarias percibiendo las retribuciones íntegras.

d) La funcionaria podrá solicitar la sustitución del tiempo de lactancia por un permiso retribuido que acumule en jornadas completas el tiempo correspondiente.

3. Por ser preciso atender el cuidado de un familiar de primer grado, el funcionario tendrá derecho a solicitar una reducción de:

a) Hasta el cincuenta por ciento de la jornada laboral, con carácter retribuido, por razones de enfermedad grave o muy grave y por el plazo máximo de tres meses.

b) Hasta el setenta por ciento de la jornada laboral, con carácter retribuido, por razones de enfermedad grave o muy grave y por el plazo máximo de un mes.

c) Hasta el cincuenta por ciento de la jornada laboral, con carácter retribuido, por razones de enfermedad muy grave y por el plazo máximo de un mes.

d) Hasta el setenta por ciento de la jornada laboral, con carácter retribuido, por razones de enfermedad muy grave y por el plazo máximo de un mes.

4. No tendrán dedicación exclusiva los miembros de Corporaciones locales de población inferior a:

a) 15.000 habitantes.
b) 10.000 habitantes.
c) 2.500 habitantes.
d) 1.000 habitantes.

5. ¿Qué retribución complementaria está destinada a retribuir las condiciones particulares de algunos puestos de trabajo en atención a su especial dificultad técnica, dedicación, incompatibilidad, responsabilidad, peligrosidad o penosidad?

a) El complemento especial.
b) El complemento específico.
c) El complemento de productividad.
d) El complemento extraordinario.

6. ¿A quién corresponde la asignación individual del complemento de productividad en las Corporaciones Locales?

a) Al Alcalde o Presidente.
b) Al Secretario.
c) Al Interventor.
d) Al Pleno.

7. A tenor del artículo 95 TR-LEBEP, el incumplimiento por los funcionarios de las normas sobre incompatibilidades cuando ello dé lugar a una situación de incompatibilidad, podrá ser constitutivo de falta:

a) Muy grave.
b) Grave.

c) Menos grave.
d) Leve.

8. Conforme al art. 96 TR-LEBEP, por razón de faltas cometidas podrán imponerse la siguiente sanción:

a) Suspensión firme de funciones, o de empleo y sueldo en el caso del personal laboral, con una duración máxima de 5 años.

b) Despido disciplinario del personal laboral, que solo podrá sancionar la comisión de faltas muy graves o graves y comportará la inhabilitación para ser titular de un nuevo contrato de trabajo con funciones similares a las que desempeñaban.

c) Separación del servicio de los funcionarios, que en el caso de los funcionarios interinos comportará la revocación de su nombramiento, y que solo podrá sancionar la comisión de faltas muy graves o graves.

d) Demérito, que consistirá en la penalización a efectos de carrera, promoción o movilidad voluntaria.

9. Salvo en caso de paralización del procedimiento imputable al interesado, la suspensión provisional como medida cautelar en la tramitación de un expediente disciplinario no podrá exceder de:

a) Un año.
b) 9 meses.
c) 6 meses.
d) 3 meses.

10. ¿Cuándo prescriben las sanciones impuestas por faltas leves?

a) A los dos años.
b) Al año.
c) A los seis meses.
d) Al mes.

11. ¿Cuándo prescriben las sanciones impuestas por faltas graves?

a) A los seis años.
b) A los cinco años.
c) A los tres años.
d) A los dos años.

12. ¿Cuál es la duración máxima de la sanción de suspensión de funciones por faltas muy graves?

a) Diez años.
b) Seis años.

c) Cinco años.
d) Cuatro años.

13. ¿Cuál es la duración máxima de la sanción de suspensión de funciones por faltas graves?

a) Cinco años.
b) Tres años.
c) Dos años.
d) Un año.

14. ¿En qué situación administrativa se encontrarán los funcionarios de carrera cuando sean designados para formar parte del Consejo General del Poder Judicial?

a) Servicio activo.
b) Servicios especiales.
c) Servicio en otras Administraciones Públicas.
d) Excedencia por interés particular.

15. Los funcionarios de carrera podrán obtener la excedencia voluntaria por interés particular cuando hayan prestado servicios efectivos en cualquiera de las Administraciones Públicas durante un periodo mínimo de:

a) Diez años inmediatamente anteriores.
b) Cinco años inmediatamente anteriores.
c) Tres años inmediatamente anteriores.
d) Dos años inmediatamente anteriores.

16. Señala la respuesta incorrecta respecto de la excedencia de los funcionarios de carrera:

a) La concesión de excedencia voluntaria por interés particular quedará subordinada a las necesidades del servicio debidamente motivadas.

b) Quienes se encuentren en situación de excedencia voluntaria por agrupación familiar no devengarán retribuciones, ni les será computable el tiempo que permanezcan en tal situación a efectos de ascensos, trienios y derechos en el régimen de Seguridad Social que les sea de aplicación.

c) Los funcionarios de carrera tendrán derecho a un período de excedencia de duración no superior a tres años para atender al cuidado de cada hijo, tanto cuando lo sea por naturaleza como por adopción.

d) Las funcionarias víctimas de violencia de género durante los tres primeros meses tendrán derecho a la reserva del puesto de trabajo que desempeñaran, siendo computable dicho período a efectos de antigüedad, carrera y derechos del régimen de Seguridad Social que sea de aplicación.

17. ¿Durante cuánto tiempo se le reservará el puesto de trabajo a los funcionarios de carrera en excedencia por cuidado de familiares?

a) Como máximo cinco años.
b) Al menos, durante tres años.
c) Al menos, durante dos años.
d) Un año, en todo caso.

18. ¿Qué duración tiene el permiso por adopción, por guarda con fines de adopción, o acogimiento, tanto temporal como permanente?

a) Diecisiete semanas.
b) Dieciséis semanas.
c) Quince semanas.
d) Catorce semanas.

19. Los funcionarios que ejerciten el derecho de huelga, por el tiempo en que hayan permanecido en la misma, devengarán y percibirán:

a) Solo las retribuciones básicas prorrateadas.
b) Las retribuciones básicas y los trienios.
c) Todas las retribuciones que le corresponderían si no hubieran ejercido ese derecho.
d) No devengarán ni percibirán retribución alguna.

20. Indica cuál de los siguientes es uno de los derechos de carácter individual de los empleados públicos:

a) A percibir las retribuciones y las indemnizaciones por razón del servicio.
b) Al desempeño efectivo de las funciones o tareas propias de su condición profesional y de acuerdo con la progresión alcanzada en su carrera profesional.
c) A la formación continua y a la actualización permanente de sus conocimientos y capacidades profesionales, preferentemente en horario laboral.
d) Todas las respuestas son correctas.

21. El permiso de paternidad en 2021 por el nacimiento, guarda con fines de adopción, acogimiento o adopción de un hijo tendrá una duración, a disfrutar por el padre o el otro progenitor a partir de la fecha del nacimiento, de la decisión administrativa de guarda con fines de adopción o acogimiento, o de la resolución judicial por la que se constituya la adopción, de:

a) Nueve semanas.
b) Dieciséis semanas.
c) Doce semanas.
d) Quince semanas.

22. ¿Qué complemento está destinado a retribuir el especial rendimiento, la actividad y dedicación extraordinarias y el interés o iniciativa con que se desempeñen los puestos de trabajo?

a) El complemento de productividad.
b) El complemento específico.
c) El complemento singular.
d) El complemento de dedicación especial.

23. Los funcionarios públicos tendrán derecho a disfrutar, durante cada año natural, de unas vacaciones retribuidas de:

a) Veinte días hábiles, o de los días que correspondan proporcionalmente si el tiempo de servicio durante el año fue menor.
b) Veintidós días hábiles, o de los días que correspondan proporcionalmente si el tiempo de servicio durante el año fue menor.
c) Veintiséis días hábiles, o de los días que correspondan proporcionalmente si el tiempo de servicio durante el año fue menor.
d) Treinta días hábiles, o de los días que correspondan proporcionalmente si el tiempo de servicio durante el año fue menor.

24. ¿Cuántos días hábiles de permiso se concederán en el caso de accidente o enfermedad graves, hospitalización o intervención quirúrgica sin hospitalización que precise de reposo domiciliario del cónyuge, pareja de hecho o parientes hasta el primer grado por consanguinidad o afinidad, así como de cualquier otra persona distinta de las anteriores que conviva con el funcionario o funcionaria en el mismo domicilio y que requiera el cuidado efectivo de aquella?

a) Tres días.
b) Cuatro días.
c) Cinco días.
d) Seis días.

25. ¿De cuántos días al año, con carácter general, podrá disponer el funcionario de permiso para asuntos personales sin justificación?

a) De hasta 6 días al año.
b) De hasta 7 días al año.
c) De hasta 8 días al año.
d) De hasta 9 días al año.

26. Como máximo y con carácter general, si se mantiene la necesidad de cuidado directo, continuo y permanente, el permiso por cuidado y con carácter general de hijo menor afectado por cáncer u otra enfermedad grave, se extenderá hasta que cumpla:

a) 12 años.
b) 18 años.

c) 16 años.
d) 23 años.

27. Por razón de matrimonio o constitución formalizada por documento público de pareja de hecho, los funcionarios tendrán derecho a una licencia de:

a) Diez días.
b) Un mes.
c) Quince días.
d) Veinte días.

28. A quienes se encuentren en situación de excedencia por interés particular:

a) Les será computable el tiempo que permanezcan en tal situación a efectos de ascensos.
b) Les será computable el tiempo que permanezcan en tal situación a efectos de trienios y derechos en el régimen de Seguridad Social que les sea de aplicación.
c) No devengarán retribuciones.
d) Todas las respuestas son correctas.

29. Señala la respuesta correcta respecto a la situación de servicios especiales:

a) A los funcionarios en situación de servicios especiales no se les computará el tiempo que permanezcan en esta situación a los efectos de ascensos, trienios o derechos pasivos.
b) Tendrán derecho a la reserva de plaza y destino.
c) Tendrán preferencia para el reingreso en el servicio activo.
d) Todas las respuestas son correctas.

30. Por nacimiento de hijos prematuros o que por cualquier otra causa deban permanecer hospitalizados a continuación del parto, la funcionaria o el funcionario tendrá derecho a ausentarse del trabajo durante:

a) Un máximo de una hora diaria percibiendo las retribuciones íntegras.
b) Un máximo de 2 horas diarias percibiendo las retribuciones íntegras.
c) Un máximo de 2,5 horas diarias percibiendo las retribuciones íntegras.
d) Un máximo de 3 horas diarias percibiendo las retribuciones íntegras.

31. El juramento o promesa a realizar por los funcionarios se efectúa:

a) Tras la toma de posesión.
b) Antes de ella.
c) En el mismo momento de la toma de posesión.
d) Ante órganos jurisdiccionales.

32. En el juramento o promesa que deben hacer los funcionarios se señala que se ha de cumplir las obligaciones del cargo con lealtad al/a la/a los:

a) Constitución.
b) Corporación.

c) Superiores.
d) Rey.

33. Las cantidades destinadas a financiar aportaciones a planes de pensiones o contratos de seguros tendrán a todos los efectos la consideración de:

a) Retribución básica.
b) Retribución complementaria.
c) Indemnizaciones.
d) Retribución diferida.

34. Por muerte de un tío carnal, teniendo en cuenta que es familiar dentro del tercer grado, se tiene derecho al siguiente permiso:

a) Dos días si es en la misma localidad.
b) Cuatro días si es en distinta localidad.
c) Ningún día.
d) Las respuestas a) y b) son correctas.

35. La disminución de la jornada por cuidado directo de un menor de seis años:

a) Puede equivaler a un tercio o un medio.
b) No implica reducción de retribuciones.
c) Comporta exclusivamente la reducción de las retribuciones complementarias.
d) Nada de lo anterior es cierto.

36. La observancia de las normas sobre seguridad y salud laboral:

a) Es un principio ético de los empleados públicos.
b) Se ajustará a lo que indiquen los representantes de los trabajadores.
c) Se establece solo para los puestos de trabajo cuyo desempeño suponga riesgos inequívocos.
d) Es obligatoria para todos los empleados públicos.

37. Cuando un funcionario haya sido declarado en la situación de suspensión, dicha situación determinará la pérdida del puesto de trabajo cuando la suspensión exceda de:

a) Seis meses.
b) Tres meses.
c) Cinco meses.
d) Dos meses.

38. Para el cumplimiento de un deber inexcusable de carácter público o personal, se tiene derecho a un permiso:

a) De tres días.
b) Por tiempo indispensable.

c) De cinco días.
d) De dos días.

39. En una Corporación de cincuenta y nueve funcionarios existirán representándolos:

a) Un Delegado de Personal.
b) Dos Delegados de Personal.
c) Un Comité de Empresa.
d) Una Junta de Personal.

40. El personal funcionario que no tenga dedicación exclusiva o especial dedicación ha de cumplir una jornada laboral semanal de:

a) Treinta y cinco horas.
b) Treinta y siete horas y media.
c) Cuarenta horas.
d) Veinticuatro horas.

41. El incumplimiento de la obligación de atender los servicios esenciales en caso de huelga es constitutivo de:

a) Falta muy grave.
b) Falta grave.
c) Falta leve.
d) Un derecho.

42. El abandono del servicio da lugar a:

a) Sanción pecuniaria.
b) Falta muy grave.
c) Falta grave.
d) Falta leve.

43. Por su parte, el acoso laboral se tipifica como:

a) Falta muy grave.
b) Falta grave.
c) Falta leve.
d) No está tipificada.

44. El descrédito para la imagen pública de la Administración Pública es una circunstancia que debe ser atendida para determinar las faltas:

a) Muy graves.
b) Graves.
c) Leves.
d) Las respuestas b) y c) son correctas.

45. La responsabilidad de los funcionarios que induzcan a otros a cometer una falta:

a) Es similar a la exigible a estos.
b) Se minora en un grado.
c) Se castiga con una sanción superior en grado.
d) Es inexistente.

46. La suspensión firme de funciones no puede ser superior a:

a) Tres meses.
b) Tres años.
c) Un año.
d) Seis años.

47. En el caso de separación del servicio de un funcionario interino:

a) Podrá ser rehabilitado en el futuro.
b) No es necesaria la motivación del acto.
c) Permanece en activo hasta que se cubra la vacante que venía desempeñando.
d) Se revoca su nombramiento.

48. La prescripción de las faltas graves se produce a los:

a) Seis meses.
b) Dos meses.
c) Seis años.
d) Dos años.

49. La separación del servicio en un Municipio de gran población se acuerda por el/la:

a) Sindicato mayoritario.
b) Presidente de la Corporación.
c) Pleno de la Corporación.
d) Junta de Gobierno Local.

50. En la corrección de una falta leve, un trámite inexcusable es:

a) La previa audiencia al inculpado.
b) Incoar diligencias preliminares.
c) Incoar expediente disciplinario ordinario.
d) Ninguno de los anteriores.

51. El funcionario que sea elegido miembro del Parlamento Europeo quedará en situación de:

a) Servicio activo.
b) Excedencia forzosa.
c) Servicios especiales.
d) Suspensión.

52. El funcionario que desempeñe responsabilidades de miembro de un órgano local para el conocimiento y la resolución de las reclamaciones económico-administrativas está en situación de:

a) Servicio activo.
b) Excedencia.
c) Suspensión.
d) Servicios especiales.

53. El mínimo de servicios prestados inmediatos a la petición que se requiere para solicitar una excedencia voluntaria por interés particular es de:

a) Un año.
b) Dos años.
c) Tres años.
d) Cinco años.

54. El funcionario suspendido provisionalmente cobra en esta situación:

a) Todas sus retribuciones.
b) Las retribuciones básicas y, en su caso, las prestaciones familiares por hijo a cargo.
c) Solo las retribuciones complementarias.
d) Ninguna de las respuestas anteriores es correcta.

55. En caso de excedencia por cuidado de hijos se tiene derecho a reserva del puesto de trabajo desempeñado, al menos, durante:

a) El tiempo que dure la excedencia.
b) Ningún momento.
c) Los dos primeros años.
d) Los tres primeros años.

56. Un funcionario que sea adscrito al servicio del Defensor del Pueblo quedará en su lugar de procedencia en la situación de:

a) Servicio activo.
b) Servicios especiales.
c) Servicio en Comunidad Autónoma.
d) Excedencia especial.

57. El funcionario que, por un procedimiento de provisión de puestos, obtenga destino en una Administración Pública distinta es declarado:

a) Excedente forzoso.
b) En situación de servicio en otras Administraciones Públicas.
c) Excedente voluntario.
d) En servicios especiales.

58. Los trienios se cobran:

a) En igual cuantía dentro de cada Subgrupo o Grupo de clasificación profesional, en el supuesto de que este no tenga Subgrupo.
b) En concepto de retribución complementaria.
c) Solo mensualmente, sin percibirse en las pagas extraordinarias.
d) Ninguna de las respuestas anteriores es correcta.

59. En las pagas extraordinarias se percibe:

a) El sueldo y el complemento de destino solamente.
b) Todas las retribuciones.
c) Las retribuciones básicas en exclusiva.
d) Nada de lo expuesto es correcto.

60. La participación en las multas impuestas por un funcionario, cuando esté normativamente atribuida a los servicios:

a) Está expresamente prohibida.
b) No está sujeta a retención fiscal.
c) Se permite excepcionalmente, con arreglo a dicha normativa.
d) Es la regla general y forma parte de las retribuciones complementarias.

61. Las retribuciones básicas de los funcionarios se fijan y se recogen por el/la/las:

a) Leyes de Presupuestos de cada Comunidad Autónoma.
b) Presupuesto de cada Corporación Local.
c) Ley de Presupuestos Generales del Estado.
d) Todas las respuestas anteriores son correctas.

62. Señala la respuesta incorrecta. Las retribuciones complementarias de los funcionarios se establecerán por las correspondientes leyes de cada Administración Pública atendiendo, entre otros, a los siguientes factores:

a) La especial dificultad técnica, responsabilidad, dedicación, incompatibilidad exigible para el desempeño de determinados puestos de trabajo.
b) Los servicios extraordinarios prestados en la jornada normal de trabajo.

c) La progresión alcanzada por el funcionario dentro del sistema de carrera administrativa.

d) El grado de interés, iniciativa o esfuerzo con que el funcionario desempeña su trabajo.

63. La asistencia sanitaria de los funcionarios locales corresponde en la actualidad a la:

a) Sanidad privada.
b) Seguridad Social.
c) Mutualidad Nacional de Previsión de la Administración Local.
d) Cualquiera de las anteriores.

64. El reconocimiento de compatibilidad a un funcionario para ejercer un trabajo fuera de la Administración:

a) No es necesario.
b) Es previo a dicho trabajo.
c) Es posterior.
d) Solo se da para actividades privadas.

65. ¿Cuándo prescriben las sanciones impuestas por faltas leves?

a) A los dos años.
b) Al año.
c) A los seis meses.
d) Al mes.

66. Señala la respuesta incorrecta:

a) Los funcionarios que indujeren a otros a la comisión de actos o conductas constitutivos de falta disciplinaria, incurriendo en la misma responsabilidad que estos.

b) La imposición de sanciones por faltas leves se llevará a cabo por procedimiento sumario sin necesidad de audiencia al interesado.

c) El tiempo de permanencia en suspensión provisional será de abono para el cumplimiento de la suspensión firme.

d) El alcance de cada sanción se establecerá teniendo en cuenta el grado de intencionalidad, descuido o negligencia que se revele en la conducta, el daño al interés público, la reiteración o reincidencia, así como el grado de participación.

67. ¿Cuándo prescriben las infracciones leves?

a) Al mes.
b) A los seis meses.
c) Al año.
d) A los dos años.

68. ¿A quién corresponde imponer la sanción que recaiga por falta muy grave, tipificada en la normativa básica estatal?

a) Al Presidente del Gobierno.
b) Al Consejo de Ministros.
c) Al Ministro de Hacienda y Función Pública.
d) Al Secretario de Estado de Administraciones Públicas.

69. ¿En qué situación administrativa se encuentran los funcionarios de carrera cuando son activados como reservistas voluntarios para prestar servicios en las Fuerzas Armadas?

a) Servicio activo.
b) Servicios especiales.
c) Excedencia.
d) Servicio en otras Administraciones Públicas.

70. ¿Qué norma establece el régimen de Incompatibilidades del Personal al Servicio de las Administraciones Públicas?

a) El Real Decreto 65/2001, de 2 de noviembre.
b) La Ley 53/1984, de 26 de diciembre.
c) La Ley 21/2008, de 30 de abril.
d) El Real Decreto 2/1999, de 17 de febrero.

Solución al test n.º 17

1. b) De un día.

2. a) Por razones de guarda legal, cuando el funcionario tenga el cuidado directo de algún menor de doce años, de persona mayor que requiera especial dedicación, o de una persona con discapacidad que no desempeñe actividad retribuida, tendrá derecho a la reducción de su jornada de trabajo, sin disminución de sus retribuciones.

3. c) Hasta el cincuenta por ciento de la jornada laboral, con carácter retribuido, por razones de enfermedad muy grave y por el plazo máximo de un mes.

4. d) 1.000 habitantes.

5. b) El complemento específico.

6. a) Al Alcalde o Presidente.

7. a) Muy grave.

8. d) Demérito, que consistirá en la penalización a efectos de carrera, promoción o movilidad voluntaria.

9. c) 6 meses.

10. b) Al año.

11. d) A los dos años.

12. b) Seis años.

13. b) Tres años.

14. b) Servicios especiales.

15. b) Cinco años inmediatamente anteriores.

16. d) Las funcionarias víctimas de violencia de género durante los tres primeros meses tendrán derecho a la reserva del puesto de trabajo que desempeñaran, siendo computable dicho período a efectos de antigüedad, carrera y derechos del régimen de Seguridad Social que sea de aplicación.

17. c) Al menos, durante dos años.

18. b) Dieciséis semanas.

19. d) No devengarán ni percibirán retribución alguna.

20. d) Todas las respuestas son correctas.

21. b) Dieciséis semanas.

22. a) El complemento de productividad.

23. b) Veintidós días hábiles, o de los días que correspondan proporcionalmente si el tiempo de servicio durante el año fue menor.

24. c) Cinco días.

25. a) De hasta 6 días al año.

26. d) 23 años.

27. c) Quince días.

28. c) No devengarán retribuciones.

29. b) Tendrán derecho a la reserva de plaza y destino.

30. b) Un máximo de 2 horas diarias percibiendo las retribuciones íntegras.

31. c) En el mismo momento de la toma de posesión.

32. d) Rey.

33. d) Retribución diferida.

34. c) Ningún día.

35. d) Nada de lo anterior es cierto.

36. d) Es obligatoria para todos los empleados públicos.

37. a) Seis meses.

38. b) Por tiempo indispensable.

39. d) Una Junta de Personal.

40. b) Treinta y siete horas y media.

41. a) Falta muy grave.

42. b) Falta muy grave.

43. a) Falta muy grave.

44. d) Las respuestas b) y c) son correctas.

45. a) Es similar a la exigible a estos.

46. d) Seis años.

47. d) Se revoca su nombramiento.

48. d) Dos años.

49. d) Junta de Gobierno Local.

50. a) La previa audiencia al inculpado.

51. c) Servicios especiales.

52. d) Servicios especiales.

53. d) Cinco años.

54. b) Las retribuciones básicas y, en su caso, las prestaciones familiares por hijo a cargo.

55. c) Los dos primeros años.

56. b) Servicios especiales.

57. b) En situación de servicio en otras Administraciones Públicas.

58. a) En igual cuantía dentro de cada Subgrupo o Grupo de clasificación profesional, en el supuesto de que este no tenga Subgrupo.

59. d) Nada de lo expuesto es correcto.

60. a) Está expresamente prohibida.

61. d) Todas las respuestas anteriores son correctas.

62. b) Los servicios extraordinarios prestados en la jornada normal de trabajo.

63. b) Seguridad Social.

64. b) Es previo a dicho trabajo.

65. b) Al año.

66. b) La imposición de sanciones por faltas leves se llevará a cabo por procedimiento sumario sin necesidad de audiencia al interesado.

67. b) A los seis meses.

68. c) Al Ministro de Hacienda y Función Pública.

69. b) Servicios especiales.

70. b) La Ley 53/1984, de 26 de diciembre.

Los funcionarios de Administración Local con habilitación de carácter nacional: Régimen jurídico. Subescalas y categorías. Funciones reservadas. Peculiaridades de su régimen en municipios de gran población

1. Los titulares de la Secretaría-Intervención ejercerán sus funciones en las Secretarías de clase tercera, es decir, de Ayuntamientos de Municipios:

a) Con población inferior a 5.001 habitantes y cuyo Presupuesto no exceda de 3.010.060 euros.

b) Con población inferior a 3.001 habitantes y cuyo Presupuesto no exceda de 2.999.000 euros.

c) Con población inferior a 2.501 habitantes y cuyo Presupuesto no exceda de 1.500.060 euros.

d) Con población inferior a 1.001 habitantes y cuyo Presupuesto no exceda de 1.010.060 euros.

2. ¿Cuál es la norma vigente por la que se regula el régimen jurídico de los funcionarios de Administración Local con habilitación de carácter nacional?

a) La Ley 5/2008, de 29 de octubre.

b) El Real Decreto 1174/1987, de 18 de septiembre.

c) El Real Decreto 128/2018, de 16 de marzo.

d) La Ley 34/2016, de 3 de abril.

3. ¿En qué clase se encuadrarían las Secretarías de Ayuntamientos de municipios cuyas poblaciones están comprendidas entre 5.001 y 20.000 habitantes?

a) Clase primera.

b) Clase segunda.

c) Clase tercera.

d) Clase cuarta.

4. Como regla general, en las Entidades Locales cuya Secretaría esté clasificada en clase tercera, las funciones propias de la Intervención:

a) No se llevarán a cabo dichas funciones, que las desempeñará el Interventor de la Diputación Provincial respectivo.
b) Existirán dos puestos de trabajo denominados Intervención Municipal.
c) Existirá un puesto de trabajo denominado Intervención.
d) Formarán parte del contenido del puesto de trabajo de Secretaría.

5. Respecto al ingreso en las subescalas en que se estructura la habilitación de carácter nacional la gestión y ejecución de los procesos selectivos corresponde:

a) A la Administración local.
b) A la Dirección General de Función Pública.
c) A la comunidad autónoma.
d) Al Instituto Nacional de Administración Pública.

6. El acceso a la categoría superior en las subescalas de Secretaría e Intervención-Tesorería exigirá, en todo caso, tener una antigüedad de servicio activo en la categoría de entrada, de al menos:

a) 2 años.
b) 3 años.
c) 4 años.
d) No se exige antigüedad alguna.

7. El acceso a la categoría superior en las subescalas de Secretaría e Intervención-Tesorería se llevará a cabo mediante procedimiento de:

a) Concurso-oposición.
b) Curso selectivo.
c) Concurso de méritos o pruebas de aptitud.
d) Libre designación.

8. Las tres subescalas en que se estructura la escala de habilitación de carácter nacional se integran:

a) En el grupo A, subgrupo A1.
b) En el grupo A, subgrupos A1 o A2.
c) En el grupo A, subgrupo A2.
d) En el grupo B.

9. NO es una subescala de la escala de funcionarios de administración local con habilitación de carácter nacional:

a) Administración Especial.
b) Secretaría.

c) Intervención-Tesorería.
d) Secretaría-Intervención.

10. ¿Qué categorías pueden ostentar los funcionarios integrados en la subescala de Secretaría-Intervención?

a) Entrada y Superior.
b) Básica y Especializada.
c) Inferior, Media y Superior.
d) En la subescala de Secretaría-Intervención no existe diferenciación de categorías.

11. Quienes superen la primera fase (oposición) de acceso a una de las Subescalas de la escala de funcionarios de administración local con habilitación de carácter nacional serán nombrados:

a) Funcionarios en prácticas.
b) Funcionarios de carrera.
c) Funcionarios interinos.
d) Funcionarios eventuales.

12. Para el ingreso en la escala de funcionarios de Administración local con habilitación de carácter nacional, en cualquiera de sus subescalas, se exigirá, en todo caso:

a) La licenciatura en Derecho.
b) La nacionalidad española.
c) La residencia en la localidad correspondiente.
d) Una experiencia mínima de 2 años en la administración local.

13. Para promocionar a las subescalas de Secretaría y de Intervención-Tesorería, los funcionarios de la subescala de Secretaría-Intervención deberán tener en esta subescala:

a) 2 años de servicio activo.
b) 3 años de servicio activo.
c) 4 años de servicio activo.
d) No se puede promocionar de una subescala a otra.

14. Por regla general, el primer destino de los funcionarios de Administración Local con habilitación de carácter nacional tendrá carácter definitivo, y en él se deberá permanecer para volver a concursar o solicitar un nombramiento provisional, un mínimo de:

a) 1 año.
b) 2 años.
c) 3 años.
d) 4 años.

15. Las Secretarías de Ayuntamiento de municipios cuya población está comprendida entre 5.001 y 20.000 habitantes, así como los de población inferior a 5.001 habitantes, cuyo presupuesto supere los 3.000.000 de euros, están catalogadas como:

a) Secretarías de Clase Primera.
b) Secretarías de Clase Segunda.
c) Secretarías de Clase Tercera.
d) Secretarías de Clase Cuarta.

Solución al test n.º 18

1. a) Con población inferior a 5.001 habitantes y cuyo Presupuesto no exceda de 3.010.060 euros.

2. c) El Real Decreto 128/2018, de 16 de marzo.

3. b) Clase segunda.

4. d) Formarán parte del contenido del puesto de trabajo de Secretaría.

5. d) Al Instituto Nacional de Administración Pública.

6. a) 2 años.

7. c) Concurso de méritos o pruebas de aptitud.

8. a) En el grupo A, subgrupo A1.

9. a) Administración Especial.

10. d) En la subescala de Secretaría-Intervención no existe diferenciación de categorías.

11. a) Funcionarios en prácticas.

12. b) La nacionalidad española.

13. a) 2 años de servicio activo.

14. b) 2 años.

15. b) Secretarías de Clase Segunda.

Haciendas Locales. Clasificación de los ingresos. Ordenanzas Fiscales

1. De conformidad con el artículo 142 de la Constitución Española:

a) Las Haciendas Locales deberán disponer de los medios suficientes para el desempeño de las funciones que la ley atribuye a las Corporaciones respectivas.

b) Las Haciendas Locales deberán disponer de los medios necesarios para el desempeño de las funciones que la ley atribuye a las Corporaciones respectivas.

c) Las Haciendas Locales deberán disponer de los medios suficientes para el desempeño de las necesidades que la ley atribuye a las Corporaciones respectivas.

d) Las Haciendas Locales deberán disponer de los medios suficientes para el desempeño de las actividades que la ley atribuye a las Corporaciones respectivas.

2. Según la Ley de Bases de Régimen Local:

a) Las Haciendas Locales se nutren, además de tributos propios y de las participaciones reconocidas en los del Estado y en los de las Comunidades Autónomas, de aquellos otros recursos que prevé la ley.

b) Las Haciendas Locales se nutren, además de tributos propios, de las participaciones reconocidas en los del Estado y en los de las Comunidades Autónomas.

c) Las Haciendas Locales se nutren, además de tributos propios, de las participaciones reconocidas en los del Estado.

d) Las Haciendas Locales se nutren, además de tributos propios, de las participaciones reconocidas en los de las Comunidades Autónomas.

3. Solo podrán establecerse prestaciones personales o patrimoniales de carácter público:

a) Con arreglo a la ley.
b) Con arreglo a la norma.
c) Con arreglo a los reglamentos.
d) Con arreglo a los Reales Decretos.

4. ¿Tienen las Entidades Locales potestad tributaria?

a) Sí, de carácter secundario.
b) Sí, de carácter primario.
c) No.
d) Solo la tiene el Estado.

5. La potestad reglamentaria de las Entidades Locales en materia tributaria se ejercerá a través de:

a) Ordenanzas Generales de Gestión, Recaudación e Inspección.
b) Ordenanzas Fiscales reguladoras de sus propios tributos.
c) Las respuestas anteriores son correctas.
d) Ordenanzas Fiscales reguladoras de las tasas.

6. La Hacienda de las Entidades Locales estará constituida por los siguientes recursos:

a) Las subvenciones.
b) El producto de las operaciones de crédito.
c) El producto de las multas y sanciones.
d) Todas las respuestas son verdaderas.

7. ¿Qué ingresos tienen la consideración de derecho privado?

a) Las adquisiciones a título de herencia, legado o donación.
b) Los rendimientos o productos de cualquier naturaleza derivados del patrimonio.
c) Las adquisiciones mediante contratos.
d) Las respuestas a) y b) son correctas.

8. Tendrán la consideración de tasas las prestaciones patrimoniales que establezcan las Entidades locales por:

a) El coste de las obras.
b) La utilización privativa o el aprovechamiento especial del dominio público local.
c) Las actividades administrativas de toda clase.
d) Ninguna respuesta es correcta.

9. El importe de las contribuciones especiales no podrá exceder de:

a) 50 por 100 del coste de la obra que el Municipio soporte.
b) 90 por 100 del coste de la obra que el Municipio soporte.
c) 70 por 100 del coste de la obra que el Municipio soporte.
d) 80 por 100 del coste de la obra que el Municipio soporte.

10. Los Ayuntamientos podrán establecer y exigir el siguiente impuesto:

a) Impuesto sobre Bienes Inmuebles.
b) Impuesto sobre Vehículos de Tracción Mecánica.

c) Impuesto sobre el Incremento de Valor de los Terrenos de Naturaleza Urbana.

d) Impuesto sobre Actividades Económicas.

11. Las Entidades Locales podrán percibir subvenciones de toda índole con destino a sus obras y servicios:

a) Que no podrán ser aplicadas a atenciones distintas de aquellas para las que fueron otorgadas, salvo, en su caso, los sobrantes no reintegrables cuya utilización no estuviese prevista en la concesión.

b) Que no podrán ser aplicadas a atenciones distintas de aquellas para las que fueron otorgadas.

c) Que podrán ser aplicadas a atenciones distintas de aquellas para las que fueron otorgadas.

d) Que podrán ser aplicadas a atenciones distintas de aquellas para las que fueron otorgadas salvo, en su caso, los sobrantes no reintegrables.

12. Todas las operaciones financieras que suscriban las Corporaciones Locales están sujetas:

a) Al principio de anualidad.

b) Al principio de prudencia financiera.

c) Al principio de ejecución presupuestaria.

d) Al principio de especificación.

13. ¿Pueden las entidades locales acudir al crédito privado a largo plazo?

a) Sí, pudiendo instrumentarse a través de contratación de préstamos o créditos.

b) Sí, pudiendo instrumentarse a través de emisión de deuda privada.

c) Sí, pudiendo instrumentarse a través de conversión y sustitución total o parcial de operaciones futuras.

d) Todas las respuestas son verdaderas.

14. La prestación personal y de transporte podrá ser exigible:

a) Por los Ayuntamientos con población de derecho no superior a 3.000 habitantes.

b) Por los Ayuntamientos con población de derecho no superior a 4.000 habitantes.

c) Por las Entidades de ámbito inferior al municipio.

d) Por los Ayuntamientos con población de derecho no superior a 5.000 habitantes.

15. La competencia para conocer y resolver un recurso de reposición en materia tributaria será del:

a) Órgano de la Entidad Local superior al que haya dictado el acto administrativo impugnado.

b) Órgano de la Entidad Local que haya dictado el acto administrativo impugnado.

c) Órgano de la Entidad Local que haya delegado el dictado del acto administrativo impugnado.

d) Del alcalde o presidente.

16. Podrán interponer el recurso de reposición en materia tributaria:

a) Los sujetos pasivos.
b) Los responsables de los tributos.
c) Las respuestas a) y b) son correctas.
d) Todos los ciudadanos.

17. Contra la resolución del recurso de reposición en materia tributaria:

a) Cabe recurso de alzada.
b) Pueden los interesados interponer directamente recurso contencioso-administrativo.
c) No puede interponerse de nuevo este recurso.
d) Las respuestas b) y c) son correctas.

18. En los municipios de gran población existirá un órgano especializado entre cuyas funciones se encuentran:

a) El conocimiento de la naturaleza de los actos tributarios.
b) La elaboración de las Ordenanzas Fiscales.
c) El dictamen sobre los proyectos de ordenanzas fiscales.
d) Ninguna respuesta es correcta.

19. La extinción total o parcial de las deudas que el Estado tenga con las Entidades Locales, o viceversa, podrá acordarse por vía de compensación, cuando se trate de:

a) Deudas vencidas.
b) Deudas vencidas, líquidas y exigibles.
c) Deudas vencidas y líquidas.
d) Deudas vencidas, líquidas y legales.

20. ¿Podrán reconocerse beneficios fiscales en los tributos locales?

a) Solo en los casos expresamente previstos en las normas con rango de ley.
b) En los casos derivados de la aplicación de los Tratados Internacionales.
c) Las respuestas a) y b) son correctas.
d) En los casos establecidos en los reglamentos estatales.

21. Cuando las ordenanzas fiscales así lo prevean, no se exigirá interés de demora en los acuerdos de aplazamiento de pago que hubieran sido solicitados en período voluntario:

a) Siempre que se refieran a deudas de vencimiento periódico.
b) Siempre que se refieran a deudas de notificación colectiva.
c) Siempre que el pago total de las deudas se produzca en el mismo ejercicio que el de su devengo.
d) Todas las respuestas son correctas.

22. Un criterio al que no ha de ajustarse la gestión económico-financiera en los municipios de gran población es:

a) Cumplimiento del objetivo de estabilidad presupuestaria.

b) Introducción de la exigencia del seguimiento de los costes de los servicios.

c) Unión de las funciones de contabilidad y de fiscalización de la gestión económico-financiera.

d) La concertación de operaciones de tesorería se realizarán de acuerdo con las bases de ejecución del presupuesto y el plan financiero aprobado.

23. En los municipios de gran población el titular del órgano que ostenta las funciones de presupuestación, contabilidad, tesorería y recaudación:

a) Deberá ser un funcionario de Administración local con habilitación de carácter nacional.

b) Deberá ser un funcionario de Administración local con habilitación de carácter nacional, salvo el del órgano que desarrolle las funciones de presupuestación.

c) Deberá ser un funcionario de carrera.

d) Es el Interventor municipal.

24. En los municipios de gran población corresponderá al órgano de gestión tributaria:

a) La gestión, liquidación, inspección, recaudación y revisión de los actos contables.

b) La recaudación en período voluntario de los ingresos de Derecho Público.

c) El análisis y diseño de la política particular de ingresos públicos.

d) El seguimiento y la ordenación de la ejecución del presupuesto de ingresos en lo relativo a ingresos tributarios.

25. En los municipios de gran población la función pública de control y fiscalización interna de la gestión económico-financiera y presupuestaria corresponderá:

a) Al Tesorero municipal.

b) Al Interventor municipal.

c) Al Secretario municipal.

d) Al Depositario de cuentas.

26. Las Entidades Locales deberán acordar la imposición y supresión de sus tributos propios:

a) Salvo en el supuesto del Impuesto sobre bienes inmuebles.

b) Salvo en el supuesto del Impuesto sobre el Incremento de Valor de los Terrenos de Naturaleza Urbana.

c) Salvo en el supuesto del Impuesto sobre Construcciones, Instalaciones y Obras.

d) Ninguna respuesta es correcta.

27. Una Ordenanza Fiscal reguladora del Impuesto sobre vehículos de tracción mecánica deberá contener necesariamente:

a) La determinación del hecho imponible.
b) La determinación del sujeto pasivo.
c) Los elementos necesarios para la determinación de las cuotas tributarias.
d) La determinación del tipo de gravamen.

28. Las aprobaciones y modificaciones de las Ordenanzas Fiscales se someterán a información pública y audiencia de los interesados por el plazo mínimo de:

a) 40 días.
b) 30 días.
c) 20 días.
d) 10 días.

29. En el caso de que no se hubieran presentado reclamaciones a la aprobación provisional de las Ordenanzas Fiscales:

a) Se entenderá definitivamente adoptado el acuerdo, hasta entonces provisional, sin necesidad de acuerdo plenario.
b) Se entenderá definitivamente adoptado el acuerdo, hasta entonces provisional, siendo necesario acuerdo plenario.
c) Se entenderá definitivamente adoptado el acuerdo, hasta entonces provisional, siendo necesario acuerdo de la Junta de Gobierno.
d) Se entenderá definitivamente adoptado el acuerdo, hasta entonces provisional, siendo necesario acuerdo por mayoría simple del Pleno.

30. Tendrán la consideración de interesados a los efectos de presentar reclamaciones a los acuerdos provisionales de aprobación de las Ordenanzas Fiscales:

a) Las cámaras oficiales.
b) Los colegios oficiales.
c) Los que tuvieran un interés directo o resulten afectados por tales acuerdos.
d) Todas las respuestas son correctas.

31. La principal fuente de financiación de las Haciendas Locales son los/las:

a) Créditos obtenidos de las instituciones financieras.
b) Ingresos de Derecho Privado.
c) Tributos propios.
d) Prestaciones personales de los vecinos.

32. Nuestra vigente Constitución, respecto de las Haciendas Locales, consagra el principio de:

a) Autodeterminación.
b) Suficiencia.

c) Autonomía.
d) Dependencia del Estado.

33. Para alcanzar dicho principio, en relación con los tributos del Estado y de las Comunidades Autónomas, las Haciendas Locales:

a) Se encargarán de gestionarlos y recaudarlos.
b) Percibirán las cantidades abonadas por los mismos.
c) Participarán de los resultados de dichos tributos.
d) Determinarán cuáles se implantan en el respectivo territorio de la Entidad Local de que se trate.

34. En cualquier caso, los recursos con que cuenten las Haciendas Locales:

a) Han de ser suficientes para el cumplimiento de los fines de las Entidades Locales.
b) Deben tener carácter tributario.
c) Solo deben gestionarse por las propias Haciendas Locales.
d) Todo lo anterior es correcto.

35. Y estos recursos han de estar previstos, previa y originariamente, en un/una:

a) Ley ordinaria de las Cortes Generales.
b) Ley de los Parlamentos Autonómicos.
c) Ordenanza Fiscal de la propia Entidad.
d) Reglamento de carácter general.

36. Es una figura tributaria un/una:

a) Precio público.
b) Operación de crédito.
c) Tasa.
d) Subvención.

37. También lo es un/una:

a) Precio público.
b) Subvención.
c) Multa.
d) Contribución especial.

38. La potestad tributaria de las Entidades Locales:

a) No tiene base legal alguna.
b) Es de carácter derivado o secundario.
c) En su territorio, tiene mayor valor que la propia del Estado.
d) La tienen reservada para la creación de sus propios tributos.

39. En cuanto a la posibilidad de dictar las Entidades Locales normas reglamentarias en esta materia:

a) Se manifiesta a través de Reglamentos Generales de Recaudación.
b) Se realiza mediante Bandos de los Alcaldes.
c) No se le reconoce legalmente.
d) Es requisito *sine qua non* para que puedan exigir sus tributos.

40. La figura a través de la cual se realiza dicha normación en esta materia por una Entidad Local es un/una:

a) Ley.
b) Ordenanza Fiscal.
c) Reglamento General.
d) Bando.

41. Respecto de los tributos previamente creados por una ley estatal como propios de las Entidades Locales, estas tienen:

a) Autonomía para establecerlos y exigirlos.
b) Que delegar en el Estado su gestión y recaudación.
c) Actuar al dictado de lo que señalen las Comunidades Autónomas respectivas.
d) Que ceder su aprovechamiento al propio Estado.

42. En relación con la gestión, recaudación e inspección de sus tributos propios, las Entidades Locales pueden:

a) Descentralizarlas en Entidades inferiores.
b) Concederlas a un particular o una empresa privada con personalidad jurídica.
c) Desconcentrarlas en otra Administración Pública.
d) Delegarlas en una Entidad Local de ámbito superior.

43. Asimismo, respecto de estas materias y en relación con el Estado, pueden:

a) Desconcentrarle las competencias.
b) Descentralizarle las mismas.
c) Establecer mecanismos de colaboración.
d) Delegarle estas competencias.

44. En defecto de su legislación específica, debe aplicarse en esta materia la ley:

a) General Presupuestaria.
b) De Presupuestos Generales del Estado de cada año.
c) Del Procedimiento Administrativo Común de las Administraciones Públicas.
d) General Tributaria.

45. Tienen carácter privado los ingresos procedentes del/de los:

a) Tributos en general.
b) Tributos del Estado.
c) Patrimonio.
d) Precios públicos.

46. Para la cobranza de sus tributos, las Entidades Locales:

a) No gozan de privilegios o prerrogativas.
b) Tienen los propios del Estado.
c) Han de utilizar los servicios propios del Estado.
d) Deben constituir Entidades de Crédito.

47. Los ingresos que procedan de los bienes de dominio público local tienen la consideración de:

a) Derecho Público.
b) Derecho Privado.
c) Tributos en cualquier caso.
d) Atípicos.

48. En cambio, los rendimientos derivados del patrimonio de las Entidades Locales se consideran ingresos de:

a) Derecho Público.
b) Derecho Privado.
c) Carácter tributario.
d) Carácter excepcional.

49. Una condición para considerar de carácter privado los ingresos derivados de un derecho real en favor de una Entidad es que:

a) Sean tributarios.
b) Dicho derecho real no se halle afecto a un uso o servicio público.
c) No posea este tipo de derecho la susceptibilidad de valoración económica.
d) Todo lo anterior es correcto.

50. La adquisición de un bien donado por un particular se considera, a estos efectos:

a) Ingreso de dominio público local.
b) Ingreso de Derecho Público.
c) Ingreso de Derecho Privado.
d) Contribución especial.

51. Lo que abona un particular por la prestación de un servicio público que le afecta o beneficia, siendo de recepción obligatoria, es un/una:

a) Impuesto.
b) Contribución especial.
c) Tasa.
d) Precio público.

52. Si dicho servicio público no fuera de recepción obligatoria, el particular abonaría un/una:

a) Impuesto.
b) Contribución especial.
c) Tasa.
d) Precio público.

53. En los Municipios de gran población, el titular del órgano de gestión presupuestaria puede ser:

a) Un miembro de la Corporación.
b) Un funcionario de Administración Local con Habilitación de carácter Nacional necesariamente.
c) Un funcionario de la propia Corporación.
d) Ninguno de los anteriores.

54. La Intervención General Municipal, en los Municipios de gran población, ejerce las funciones de:

a) Control y fiscalización interna de la gestión económico-financiera y presupuestaria.
b) Contabilidad.
c) Tesorería.
d) Todas las anteriores son ejercidas por la misma.

55. Cuando una Entidad Local realiza una obra pública, en virtud de la cual un ciudadano experimenta en sus bienes un incremento de valor, puede exigirle el pago de un/una:

a) Impuesto.
b) Contribución especial.
c) Tasa.
d) Precio público.

56. En dicho supuesto, la recaudación que se obtenga se destinará a:

a) Sufragar obras de beneficencia.
b) Pagar los gastos de la obra.
c) Incrementar los fondos de la Caja de la Corporación.
d) Cualquiera de las anteriores finalidades.

57. Es de carácter obligatorio su establecimiento y exigencia, para los Ayuntamientos, el Impuesto sobre:

a) El Incremento de Valor de los Terrenos de Naturaleza Urbana.
b) Circulación de Vehículos.
c) Construcciones, Instalaciones y Obras.
d) Vehículos de Tracción Mecánica.

58. Asimismo lo es el Impuesto sobre:

a) La Radicación.
b) Actividades Económicas.
c) Construcciones, Instalaciones y Obras.
d) El Incremento de Valor de los Terrenos de Naturaleza Urbana.

59. En cambio, es potestativo para el Ayuntamiento el establecimiento y exigencia del Impuesto sobre:

a) Actividades Económicas.
b) Vehículos de Tracción Mecánica.
c) Construcciones, Instalaciones y Obras.
d) Bienes Inmuebles.

60. Los vehículos gravados por el Impuesto sobre Vehículos de Tracción Mecánica, han de:

a) Pertenecer a una Administración Pública como regla general.
b) Ser aptos para circular por vías públicas.
c) Ser destinados a su circulación exclusiva por vías privadas.
d) Las respuestas b) y c) son ciertas.

61. La figura impositiva que ha sustituido al desaparecido Impuesto Municipal de Solares es el Impuesto sobre:

a) Construcciones, Instalaciones y Obras.
b) Actividades Económicas.
c) Incremento de Valor de los Terrenos de Naturaleza Urbana.
d) Bienes Inmuebles.

62. Y la que ha sustituido al Impuesto Municipal sobre la Radicación es el Impuesto sobre:

a) Bienes Inmuebles.
b) Actividades Económicas.
c) Construcciones, Instalaciones y Obras.
d) Ninguno de los anteriores.

63. Los beneficios fiscales en los tributos locales han de estar reconocidos originariamente:

a) Por el Pleno de la Corporación.
b) En norma con rango de ley.
c) En la correspondiente Ordenanza Fiscal.
d) En la Ley General Tributaria.

64. Tiene el carácter de tributo indirecto el Impuesto sobre:

a) Actividades Económicas.
b) Incremento de Valor de los Terrenos de Naturaleza Urbana.
c) Construcciones, Instalaciones y Obras.
d) Vehículos de Tracción Mecánica.

65. En el Impuesto sobre el Incremento de Valor de los Terrenos de Naturaleza Urbana:

a) Se paga dicho incremento por la mera posesión de dichos bienes, unida al transcurso de los años.
b) El citado incremento ha de ponerse de manifiesto, por ejemplo, al transmitirse la propiedad del bien de que se trate.
c) Se grava cualquier terreno, al margen de su clasificación y calificación urbanística.
d) El incremento de que se trata ha de revertir a la colectividad en su integridad.

66. Respecto de las Áreas Metropolitanas está previsto el establecimiento de re-cargos sobre el siguiente Impuesto:

a) Construcciones, Instalaciones y Obras.
b) Actividades Económicas.
c) Incremento de Valor de los Terrenos de Naturaleza Urbana.
d) Bienes Inmuebles.

67. En relación con algún tributo de una Entidad Local, hay una previsión legal de establecimiento por otra Entidad de este tipo de un/una:

a) Impuesto.
b) Participación.
c) Recargo.
d) Precio Público.

68. Las operaciones de crédito a que pueden acudir las Entidades Locales no pueden instrumentarse a través de:

a) Hipotecas sobre los bienes patrimoniales de la Entidad.
b) Emisión de Deuda Pública.
c) Sustitución total o parcial de una operación de crédito preexistente.
d) Las respuestas a) y c) son ciertas.

69. Este tipo de crédito ha de ser:

a) A medio y largo plazo.
b) A corto y largo plazo.
c) Destinado a obras de mantenimiento.
d) Concertado necesariamente con Entidades Públicas.

70. Por el aprovechamiento especial del dominio público las Entidades Locales han de exigir un/una:

a) Contribución especial.
b) Precio público.
c) Tasa.
d) Prestación personal.

71. De los siguientes ingresos, han de destinarse precisamente a los fines por los que se establecen:

a) Los impuestos.
b) Las subvenciones.
c) Las contribuciones especiales.
d) Las respuestas b) y c) son ciertas.

72. El recurso de reposición contra una Ordenanza Fiscal:

a) Ha de interponerse a partir de su publicación en el Boletín Oficial de la Provincia o, en su caso, de la Comunidad Autónoma uniprovincial.
b) Puede interponerse desde el momento mismo de la aprobación definitiva de dicha Ordenanza.
c) Ha de basarse en las alegaciones efectuadas en el período de información pública habido en la tramitación de dicha Ordenanza.
d) Es inadmisible.

73. El recurso de reposición, en relación con los actos sobre aplicación y efectividad de un tributo local, en un Municipio de régimen común, es:

a) Inadmisible.
b) Potestativo para el particular.
c) Obligatorio.
d) El único posible en vía administrativa.

74. El ejercicio de la potestad de revisión de los actos dictados en vía de gestión tributaria se reserva al/a la:

a) Jurisdicción Contencioso-Administrativa.
b) Pleno de la Corporación.
c) Presidente de la Corporación.
d) Tribunal Económico-Administrativo competente.

75. Para que pueda producirse una compensación de deudas de una Entidad Local:

a) Ha de tenerla con un particular necesariamente.

b) Debe estar pendiente de exigirse.

c) No ha de haberse liquidado, produciéndose esta liquidación al efectuar dicha compensación.

d) Nada de lo anterior es correcto.

76. En el caso de los Municipios de gran población, el proyecto de Ordenanza fiscal, antes de elevarlo al Pleno, se aprobará por:

a) El Alcalde.

b) El Presidente de dicha Entidad Local.

c) El Interventor.

d) La Junta de Gobierno Local.

77. Las Ordenanzas Fiscales de un Ayuntamiento se aprueban definitivamente, en su caso, por el/la:

a) Administración Tributaria del Estado.

b) Respectiva Comunidad Autónoma.

c) Diputación Provincial correspondiente.

d) Propio Ayuntamiento.

78. El órgano competente para adoptar el acuerdo de aprobación provisional de una Ordenanza Fiscal en un Ayuntamiento es el/la:

a) Pleno de la Entidad.

b) Presidente de la misma.

c) Junta de Gobierno Local.

d) Cualquiera de ellos.

79. El acuerdo de aprobación provisional de una Ordenanza Fiscal, además de en el Boletín Oficial de la Provincia, debe anunciarse abriendo el período de información pública, tratándose de un Ayuntamiento de menos de 5.000 habitantes, en:

a) El Boletín de la Comunidad Autónoma, si es pluriprovincial.

b) Un diario de mayor difusión del Estado.

c) Un diario de mayor difusión de la Provincia.

d) Nada de lo anterior es cierto.

80. La exposición al público para sugerencias y reclamaciones se efectúa:

a) Solo en los Ayuntamientos de más de 10.000 habitantes.

b) Tras la aprobación definitiva.

c) Antes de esta aprobación (si se han presentado reclamaciones o sugerencias) y después de la aprobación provisional.

d) Como trámite previo a cualquier tipo de aprobación.

Solución al test n.º 19

1. a) Las Haciendas Locales deberán disponer de los medios suficientes para el desempeño de las funciones que la ley atribuye a las Corporaciones respectivas.

2. a) Las Haciendas Locales se nutren, además de tributos propios y de las participaciones reconocidas en los del Estado y en los de las Comunidades Autónomas, de aquellos otros recursos que prevé la ley.

3. a) Con arreglo a la ley.

4. a) Sí, de carácter secundario.

5. c) Las respuestas anteriores son correctas.

6. d) Todas las respuestas son verdaderas.

7. d) Las respuestas a) y b) son correctas.

8. b) La utilización privativa o el aprovechamiento especial del dominio público local.

9. b) 90 por 100 del coste de la obra que el Municipio soporte.

10. c) Impuesto sobre el Incremento de Valor de los Terrenos de Naturaleza Urbana.

11. a) Que no podrán ser aplicadas a atenciones distintas de aquellas para las que fueron otorgadas, salvo, en su caso, los sobrantes no reintegrables cuya utilización no estuviese prevista en la concesión.

12. b) Al principio de prudencia financiera.

13. a) Sí, pudiendo instrumentarse a través de contratación de préstamos o créditos.

14. d) Por los Ayuntamientos con población de derecho no superior a 5.000 habitantes.

15. b) Órgano de la Entidad Local que haya dictado el acto administrativo impugnado.

16. c) Las respuestas a) y b) son correctas.

17. d) Las respuestas b) y c) son correctas.

18. c) El dictamen sobre los proyectos de ordenanzas fiscales.

19. b) Deudas vencidas, líquidas y exigibles.

20. b) En los casos derivados de la aplicación de los Tratados Internacionales.

21. d) Todas las respuestas son correctas.

22. c) Unión de las funciones de contabilidad y de fiscalización de la gestión económico-financiera.

23. b) Deberá ser un funcionario de Administración local con habilitación de carácter nacional, salvo el del órgano que desarrolle las funciones de presupuestación.

24. d) El seguimiento y la ordenación de la ejecución del presupuesto de ingresos en lo relativo a ingresos tributarios.

25. b) Al Interventor municipal.

26. a) Salvo en el supuesto del Impuesto sobre bienes inmuebles.

27. c) Los elementos necesarios para la determinación de las cuotas tributarias.

28. b) 30 días.

29. a) Se entenderá definitivamente adoptado el acuerdo, hasta entonces provisional, sin necesidad de acuerdo plenario.

30. d) Todas las respuestas son correctas.

31. c) Tributos propios.

32. b) Suficiencia.

33. c) Participarán de los resultados de dichos tributos.

34. a) Han de ser suficientes para el cumplimiento de los fines de las Entidades Locales.

35. a) Ley ordinaria de las Cortes Generales.

36. c) Tasa.

37. d) Contribución especial.

38. b) Es de carácter derivado o secundario.

39. d) Es requisito sine qua non para que puedan exigir sus tributos.

40. b) Ordenanza Fiscal.

41. a) Autonomía para establecerlos y exigirlos.

42. d) Delegarlas en una Entidad Local de ámbito superior.

43. c) Establecer mecanismos de colaboración.

44. d) General Tributaria.

45. c) Patrimonio.

46. b) Tienen los propios del Estado.

47. a) Derecho Público.

48. b) Derecho Privado.

49. b) Dicho derecho real no se halle afecto a un uso o servicio público.

50. c) Ingreso de Derecho Privado.

51. c) Tasa.

52. d) Precio público.

53. c) Un funcionario de la propia Corporación.

54. a) Control y fiscalización interna de la gestión económico-financiera y presupuestaria.

55. b) Contribución especial.

56. b) Pagar los gastos de la obra.

57. d) Vehículos de Tracción Mecánica.

58. b) Actividades Económicas.

59. c) Construcciones, Instalaciones y Obras.

60. b) Ser aptos para circular por vías públicas.

61. d) Bienes Inmuebles.

62. b) Actividades Económicas.

63. b) En norma con rango de ley.

64. c) Construcciones, Instalaciones y Obras.

65. b) El citado incremento ha de ponerse de manifiesto, por ejemplo, al transmitirse la propiedad del bien de que se trate.

66. d) Bienes Inmuebles.

67. c) Recargo.

68. a) Hipotecas sobre los bienes patrimoniales de la Entidad.

69. b) A corto y largo plazo.

70. c) Tasa.

71. d) Las respuestas b) y c) son ciertas.

72. d) Es inadmisible.

73. d) El único posible en vía administrativa.

74. b) Pleno de la Corporación.

75. d) Nada de lo anterior es correcto.

76. d) La Junta de Gobierno Local.

77. d) Propio Ayuntamiento.

78. a) Pleno de la Entidad.

79. d) Nada de lo anterior es cierto.

80. c) Antes de esta aprobación (si se han presentado reclamaciones o sugerencias) y después de la aprobación provisional.

TEST N.º 20

**Los Presupuestos Locales: concepto, principios y estructura.
Elaboración del Presupuesto. Su liquidación**

1. Los Presupuestos Generales de las Entidades Locales constituyen de acuerdo con el Texto Refundido de la Ley Reguladora de las Haciendas Locales:

a) La expresión de las obligaciones que, como máximo, pueden reconocer la Entidad y sus Organismos Autónomos.

b) La expresión cifrada, conjunta y sistemática de las obligaciones que, como máximo, pueden reconocer la Entidad y sus Organismos Autónomos.

c) La expresión cifrada, general y sistemática de las obligaciones que, como máximo, pueden reconocer la Entidad y sus Organismos Autónomos.

d) La expresión contable, conjunta y sistemática de las obligaciones que, como máximo, pueden reconocer la Entidad y sus Organismos Autónomos.

2. Las Entidades Locales elaborarán y aprobarán anualmente un Presupuesto General en el que se integrarán:

a) El Presupuesto de los organismos autónomos dependientes.

b) Los estados de previsión de gastos e ingresos de las Sociedades Mercantiles cuyo capital social pertenezca íntegramente a la Entidad Local.

c) Las respuestas a) y b) son correctas.

d) El presupuesto agregado de la propia Entidad.

3. Es contenido mínimo de las Bases de Ejecución del Presupuesto deberá incluir:

a) Normas que regulen el procedimiento de ejecución del Presupuesto.

b) Regulación de las transferencias de créditos.

c) Niveles de vinculación jurídica de los créditos.

d) Todas respuestas son correctas.

4. ¿Qué norma regula la estructura de los Presupuestos de las Entidades Locales?

a) Orden EHA/3565/2006, de 3 de diciembre, por la que se aprueba la estructura de los Presupuestos de las Entidades Locales de los bienes de uso privado.

b) Orden EHA/3565/2008, de 3 de diciembre, por la que se aprueba la estructura de los Presupuestos de las Entidades Locales.

c) Orden de 20 de septiembre de 1989 por la que se establece la estructura de los presupuestos de las entidades locales.

d) Orden EHA/3565/2005, de diciembre, por la que se aprueba la estructura de los presupuestos de las entidades locales.

5. Dentro de las áreas de gasto del presupuesto, se incluye en el área de gasto 2 referente a Actuaciones de protección y promoción social:

a) Seguridad y movilidad ciudadana.

b) Pensiones.

c) Cultura.

d) Agricultura, ganadería y pesca.

6. ¿En qué área de gasto se incluye la política de gasto denominada "Infraestructuras"?

a) Actuaciones de carácter económico.

b) Actuaciones de carácter general.

c) Producción de bienes públicos de carácter preferente.

d) Deuda pública.

7. ¿En qué área de gasto se incluye la política de gasto denominada "Administración financiera y tributaria"?

a) Actuaciones de carácter general.

b) Actuaciones de carácter económico.

c) Actuaciones de protección y promoción social.

d) Producción de bienes públicos de carácter preferente.

8. ¿En qué área de gasto se incluye la política de gasto denominada "Sanidad"?

a) Producción de bienes públicos de carácter preferente.

b) Actuaciones de protección y promoción social.

c) Servicios públicos básicos.

d) Actuaciones de carácter general.

9. ¿En qué área de gasto se incluye la política de gasto denominada "Fomento del empleo"?

a) Servicios públicos básicos.

b) Actuaciones de protección y promoción social.

c) Actuaciones de carácter económico.
d) Actuaciones de carácter general.

10. En relación con la Clasificación Económica de los Gastos del Presupuesto de las Entidades Locales se distingue entre:

a) Operaciones abiertas y cerradas.
b) Operaciones limitadas y no limitadas.
c) Operaciones financieras y no financieras.
d) Operaciones a préstamo y liberadas.

11. El Fondo de Contingencia tiene como fin:

a) Atender al abono de los intereses de las operaciones de crédito.
b) Hacer frente a los gastos de contratación del personal laboral.
c) Completar aquellas aplicaciones presupuestarias que necesiten ser ampliadas.
d) Atender a las necesidades imprevistas, inaplazables y no discrecionales, para las que no exista crédito presupuestario o el previsto resulte insuficiente.

12. El Fondo de Contingencia y Otros Imprevistos se ha de incluir obligatoriamente en los Presupuestos:

a) De los municipios con población superior a 5.000 habitantes.
b) De las capitales de provincia.
c) De los municipios con población superior a 15.000 habitantes.
d) De los municipios con población superior a 25.000 habitantes.

13. Respecto a la Clasificación Económica de los Gastos del Presupuesto de las Entidades Locales, dentro del capítulo 1: Gastos de personal, se encuentra el gasto siguiente:

a) Gastos de naturaleza social.
b) Cotizaciones obligatorias de las entidades locales y de sus organismos autónomos a los distintos regímenes de Seguridad Social.
c) Retribuciones fijas y variables.
d) Todas las respuestas son verdaderas.

14. En relación con la Clasificación Económica de los Ingresos del Presupuesto de las Entidades Locales:

a) Se distinguen las operaciones no financieras de las financieras, subdividiéndose las segundas en operaciones corrientes y de capital.
b) Se distinguen las operaciones no financieras de las financieras, subdividiéndose las primeras en operaciones corrientes y de capital.
c) Se distinguen las operaciones no financieras, operaciones corrientes y de capital.
d) Se distinguen las operaciones no financieras de las financieras y de capital.

15. En relación con la Clasificación Económica de los Ingresos del Presupuesto de las Entidades Locales no forman parte de las operaciones corrientes:

a) Impuestos directos.
b) Transferencias de capital.
c) Tasas, precios públicos y otros ingresos.
d) Ingresos patrimoniales.

16. Dentro de los Pasivos Financieros se recoge:

a) El ingreso que obtienen las entidades locales y sus organismos autónomos por la enajenación de activos financieros.
b) La financiación de las entidades locales y sus organismos autónomos procedente de la emisión de Deuda Pública.
c) Las dos respuestas anteriores son correctas.
d) Ninguna respuesta es correcta.

17. ¿Quién forma el presupuesto de la Entidad Local?

a) El Presidente de la entidad.
b) El Interventor.
c) El Secretario.
d) El Tesorero.

18. Deberán unirse al presupuesto como documentación:

a) Anexo de las inversiones a realizar en un plazo de cuatro años.
b) Anexo de personal de la Entidad Local.
c) Liquidación de los presupuestos de ejercicios anteriores.
d) Todas las respuestas son verdaderas.

19. Aprobado inicialmente el presupuesto general, se expondrá al público, previo anuncio en el boletín oficial de la provincia o, en su caso, de la comunidad autónoma uniprovincial:

a) Por quince días.
b) Por treinta días.
c) Por veinte días.
d) Por cuarenta días.

20. El presupuesto se considerará definitivamente aprobado si durante el plazo de alegaciones:

a) No se hubiesen presentado reclamaciones.
b) Se hubieran presentado reclamaciones con falta de motivación.
c) Se hubieran presentado reclamaciones infundadas.
d) Se hubieran presentado reclamaciones extemporáneas o basadas en datos irreales.

21. Únicamente podrán entablarse reclamaciones contra el Presupuesto:

a) Por ser de manifiesta insuficiencia los ingresos con relación a los gastos.

b) Por no haberse ajustado su elaboración a los trámites legalmente establecidos al efecto.

c) Por no haberse ajustado su aprobación a los trámites legalmente establecidos al efecto.

d) Todas las respuestas son válidas.

22. Si al iniciarse el ejercicio económico no hubiese entrado en vigor el presupuesto correspondiente:

a) Se iniciará de nuevo todo el procedimiento de aprobación.

b) Dará lugar a una cuestión de confianza.

c) Se considerará automáticamente prorrogado el del anterior, con sus créditos iniciales.

d) Se adoptará una moción de censura.

23. Los Créditos extraordinarios son:

a) Aquellas modificaciones del Presupuesto de Gastos en los que el crédito previsto resulta insuficiente y no puede ser objeto de ampliación.

b) Aquella modificación del Presupuesto de gastos mediante la que, sin alterar la cuantía total del mismo, se imputa el importe total o parcial de un crédito a otras partidas presupuestarias con diferente vinculación jurídica.

c) Aquellas modificaciones del Presupuesto de Gastos, mediante las que se asigna crédito para la realización de un gasto específico y determinado que no puede demorarse hasta el ejercicio siguiente y para el que no existe crédito.

d) La incorporación de remanentes de crédito de ejercicio anterior.

24. Los créditos extraordinarios y los suplementos de crédito se podrán financiar indistintamente con el siguiente recurso:

a) Con cargo al Remanente Líquido de Tesorería.

b) Mediante anulaciones o bajas de créditos.

c) Las respuestas a y b son correctas.

d) Mediante la venta de bienes patrimoniales de la entidad local.

25. La aprobación de las transferencias de crédito entre distintos grupos de función será competencia:

a) Del órgano que señale las Bases de ejecución del presupuesto.

b) Del Pleno de la Corporación, salvo cuando las bajas y las altas afecten a créditos de personal.

c) Del Presidente de la entidad.

d) Las respuestas b) y c) son correctas.

26. Las transferencias de crédito de cualquier clase estarán sujetas a las siguientes limitaciones:

a) No afectarán a los créditos ampliables.
b) No afectarán a suplementos de crédito concedidos durante el ejercicio.
c) Solo podrán incrementar créditos en un cincuenta por ciento.
d) Las respuestas a) y c) son correctas.

27. Como consecuencia de la liquidación del presupuesto no deberá determinarse:

a) Los remanentes de los presupuestos de los cinco ejercicios anteriores.
b) Los derechos pendientes de cobro y las obligaciones pendientes de pago a 31 de diciembre.
c) El resultado presupuestario del ejercicio.
d) El remanente de Tesorería.

28. A la propuesta de los expedientes de concesión de créditos extraordinarios y suplementos de créditos se habrá de acompañar:

a) Una Memoria justificativa.
b) El estado de ingresos de la entidad.
c) El estado de gastos de la entidad.
d) Las respuestas b) y c) son correctas.

29. Contra la aprobación definitiva del Presupuesto podrá:

a) Interponerse directamente recurso contencioso-administrativo.
b) Interponerse directamente recurso ante el Tribunal de Cuentas.
c) Interponerse recurso de alzada ante el Pleno.
d) Ninguna respuesta es correcta.

30. Tendrán la consideración de interesados para presentar reclamaciones ante la aprobación inicial del presupuesto:

a) Las Cámaras Oficiales.
b) Los Sindicatos.
c) Cualquier ciudadano.
d) Las respuestas a) y b) son correctas.

31. El Presupuesto, con respecto a los gastos, es un/una:

a) Previsión.
b) Límite mínimo.
c) Límite cuantitativo.
d) Cálculo aproximado.

32. Las obligaciones reconocidas y los derechos liquidados se aplicarán a los Presupuestos:

a) Por su importe íntegro.
b) En ningún supuesto.
c) Minorándose.
d) Nada de lo anterior es cierto.

33. Las reglas que deben seguirse en la ejecución del Presupuesto se contienen en la/las/los:

a) Memoria del mismo.
b) Delegaciones de gastos.
c) Bases de Ejecución.
d) Estudios Financieros.

34. A la obligación de la Entidad de destinar los créditos al fin específico que se detalle en la plasmación escrita del Presupuesto, sin poder realizar cambios o traslados de los mismos a otros fines no recogidos en el nivel de que se trate se le denomina:

a) Regulación de las transferencias de créditos.
b) Acumulación de varias fases de la ejecución del Presupuesto.
c) Niveles de vinculación jurídica de los créditos.
d) Disponibilidad presupuestaria.

35. Debe acompañarse como Anexo al Presupuesto General de una Corporación el/los:

a) Presupuestos de los Organismos Autónomos dependientes de la misma.
b) Estados de previsión de gastos e ingresos de las Sociedades Mercantiles de capital íntegro de la Entidad.
c) Estado de consolidación del Presupuesto de la propia Entidad con el de todos los Presupuestos y estados de previsión de sus Organismos Autónomos y Sociedades Mercantiles.
d) Las respuestas a) y b) son ciertas.

36. Asimismo, debe unirse como Anexo el/los:

a) Niveles de vinculación jurídica de los créditos.
b) Presupuesto de los Organismos Autónomos dependientes de la Entidad.
c) Estados de Gastos.
d) Planes y programas de inversión y financiación.

37. Las estimaciones de los distintos recursos económicos a liquidar durante el ejercicio se contienen en/en el:

a) Estado de Ingresos.
b) Estado de previsión de gastos e ingresos.

c) Estado de Gastos.

d) Ninguno de ellos.

38. Por su parte, los créditos necesarios para atender el cumplimiento de las obligaciones ordinarias se contienen en/en el:

a) Estado de Ingresos.

b) Plan de Inversión.

c) Estado de Gastos.

d) Todos los anteriores.

39. El Plan de Inversiones de una Corporación debe coordinarse con el/los:

a) Planes de Etapas del Planeamiento Urbanístico.

b) Programa Financiero o de Financiación.

c) Planes de Inversiones de la Comunidad Autónoma.

d) Las respuestas a) y b) son ciertas.

40. Y debe completarse dicho Plan con el/los:

a) Programa de Actuación del Planeamiento Urbanístico.

b) Planes de Etapas del citado Planeamiento.

c) Planes de Inversión autonómicos.

d) Programa Financiero o de Financiación.

41. Este Plan de Inversiones se formula por un plazo de:

a) Ocho años.

b) Un año, prorrogable uno más.

c) Cuatro años.

d) Dos años.

42. Y se revisa con carácter:

a) Trimestral.

b) Anual.

c) Bianual.

d) Semestral.

43. De este Plan de Inversiones se da cuenta, en un Municipio de régimen común, al/a la:

a) Junta de Gobierno Local, al comienzo de cada ejercicio.

b) Pleno coincidiendo con la aprobación del Presupuesto.

c) Alcalde, cada mes.

d) Opinión pública, al finalizar el mandato de la Corporación.

44. Y al revisarlo:

a) Se liquida el mismo con carácter definitivo.
b) Se le añade un nuevo ejercicio a sus previsiones.
c) Censura la gestión de la Corporación.
d) Nada de lo anterior es correcto.

45. Los Presupuestos que se integran en el Presupuesto General de la Corporación deberán aprobarse:

a) Separadamente de este.
b) Con déficit equilibrado.
c) Sin déficit inicial.
d) Por el Alcalde.

46. Para que, a lo largo del ejercicio económico no se presente déficit en el Presupuesto:

a) Se compensarán en el mismo momento en que se acuerden los decrementos de los créditos y los incrementos de los ingresos.
b) Dicha compensación se efectuará respecto de los decrementos de los ingresos y los incrementos de los créditos.
c) No se llevará a cabo gasto alguno que lo provoque.
d) Se incrementarán los conceptos tributarios vigentes.

47. La estructura de los Presupuestos de las Corporaciones Locales se fija por el:

a) Presidente de las mismas.
b) Ministerio de Hacienda.
c) Pleno de ellas.
d) Interventor General de Fondos respectivo.

48. ¿Quién puede aprobar Reglamentos o Normas generales que desarrollen los procedimientos de ejecución del Presupuesto?

a) El Presidente de la Entidad Local.
b) La Junta General de la Entidad Local.
c) El Pleno de la Entidad Local.
d) El Alcalde de la Entidad Local.

49. Dentro de la clasificación por programas de los gastos, el Área de Gasto 1 se refiere a la:

a) Servicios públicos básicos.
b) Actuaciones de carácter económico.

c) Actuaciones de carácter general.
d) Actuaciones de protección y promoción social.

50. Las áreas de gasto se dividen con carácter inmediato en:

a) Grupos de programas.
b) Políticas de programas.
c) Políticas de gasto.
d) Capítulos de gasto.

51. En la Clasificación Económica de los Gastos no hay Capítulo:

a) De transferencias corrientes.
b) Número diez.
c) De gastos financieros.
d) De activos financieros.

52. Según la Clasificación Económica, los gastos se clasifican, dentro de las operaciones no financieras, en:

a) De obligaciones generales y obligaciones diversas.
b) De actividades generales y económicas.
c) Por objetivos.
d) De operaciones de capital y operaciones corrientes.

53. La política de gasto de los órganos de gobierno de una Corporación Local se incluye en la siguiente área de gasto:

a) 1.
b) 4.
c) 9.
d) 0.

54. Por su parte, la Cultura se incluye en la siguiente área de gasto:

a) 1.
b) 2.
c) 3.
d) 4.

55. Las partidas presupuestarias desarrollan, dentro de la Clasificación Económica de los gastos, los/las:

a) Subfunciones.
b) Subconceptos.

c) Programas.
d) Artículos.

56. El Capítulo 1 de la Clasificación Económica de los Gastos se refiere a:

a) Gastos financieros.
b) Transferencias corrientes.
c) Gastos de Personal.
d) Gastos de servicios.

57. La adquisición de activos financieros por las Entidades Locales, se recoge en el siguiente Capítulo de la Clasificación Económica de los Gastos:

a) 8.
b) 9.
c) 7.
d) 6.

58. Por su parte, dentro de dicha Clasificación, los gastos de indemnizaciones por razón del servicio a los funcionarios se recogen en el siguiente Capítulo:

a) Gastos de Personal.
b) Gastos en bienes corrientes y de servicios.
c) Transferencias corrientes.
d) Gastos Financieros.

59. En la Clasificación Económica de los Ingresos, la financiación de las Entidades procedente de la emisión de deuda pública se recoge en el siguiente Capítulo:

a) Transferencias corrientes.
b) Ingresos patrimoniales.
c) Pasivos Financieros.
d) Transferencias de capital.

60. El Presupuesto de las Entidades Locales legalmente debe aprobarse definitivamente:

a) Antes de concluir el ejercicio económico en el que haya de aplicarse.
b) Antes de concluir el ejercicio económico anterior a aquel en que vaya a regir.
c) Cuando lo estime oportuno la Corporación.
d) En el mes de enero del ejercicio económico a que se refiera.

61. A los efectos anteriores, el Presidente de la Corporación remitirá al Pleno de la misma el proyecto de Presupuesto:

a) Antes del 15 de octubre del año anterior al en que va a regir.
b) Al finalizar el ejercicio económico anterior.

c) Cuando se lo demande el propio Pleno.

d) El primer día hábil del mes de enero del ejercicio económico al que se refiera.

62. En el supuesto de que no esté aprobado el Presupuesto antes del primer día del ejercicio económico a que se refiera:

a) No puede realizarse gasto alguno hasta que no se efectúe dicha aprobación.

b) Incurrirá en responsabilidad contable el Presidente.

c) Deberá incoarse expediente de habilitación de créditos.

d) Se prorroga automáticamente el del ejercicio anterior.

63. La formación del Proyecto de Presupuesto, en un Municipio de régimen común, es competencia del:

a) Pleno de la Corporación.

b) Presidente de la misma.

c) Interventor General de Fondos.

d) Tesorero.

64. El plazo de exposición al público de un Presupuesto, tras su aprobación inicial es de:

a) Treinta días hábiles.

b) Quince días hábiles.

c) Quince días naturales.

d) Un mes.

65. El Pleno de la Corporación tiene de plazo para resolver las reclamaciones presentadas en el período de exposición al público del Presupuesto:

a) Dos meses.

b) Un mes.

c) Treinta días.

d) Veinte días.

66. Debe insertarse el Presupuesto íntegramente en el:

a) Diario de mayor difusión de la Provincia.

b) Boletín Oficial de la Corporación, si lo tuviere.

c) Boletín Oficial de la Provincia.

d) Tablón de Edictos de la Corporación.

67. El Presupuesto entrará en vigor desde:

a) Su aprobación definitiva por el Pleno.

b) La recepción de copia del mismo por la Administración del Estado y de la Comunidad Autónoma respectiva.

c) La publicación en el diario de mayor circulación de la Provincia.

d) El ejercicio correspondiente, una vez publicado en el boletín oficial de la corporación, si lo tuviera, y, resumido por capítulos de cada uno de los presupuestos que lo integran, en el de la provincia o, en su caso, de la Comunidad Autónoma uniprovincial.

68. Contra la aprobación definitiva del Presupuesto el recurso que puede interponerse es:

a) Obligatoriamente, el de reposición como previo a la vía contencioso-administrativa.
b) Ante el Tribunal de Cuentas.
c) El contencioso-administrativo, sin necesidad de previa reposición.
d) El económico-administrativo.

69. El informe del Tribunal de Cuentas está previsto para el supuesto de que:

a) El Presupuesto se apruebe fuera del plazo señalado para ello.
b) Cuando la impugnación se refiera a la nivelación presupuestaria.
c) Se opte por prescindir del período de exposición al público.
d) Se lo pida el Presidente de la Corporación.

70. El acto mediante el cual se declara la existencia de un crédito exigible contra la Entidad derivado de un gasto autorizado y comprometido se denomina:

a) Ordenación de pago.
b) Disposición de gasto.
c) Liquidación de la obligación.
d) Autorización del gasto.

71. Cuando haya de efectuarse un gasto que no tenga crédito previsto en el Presupuesto se:

a) Hace un nuevo Presupuesto.
b) Acude a un suplemento de crédito.
c) Acude a un crédito extraordinario.
d) Utiliza un crédito no afectado.

72. ¿Cómo se denominan aquellas modificaciones del Presupuesto de Gastos en los que, siendo necesario realizar un gasto específico y determinado que no puede demorarse hasta el ejercicio siguiente, el crédito previsto resulta insuficiente y no puede ser objeto de ampliación?

a) Crédito extraordinario.
b) Suplemento de crédito.
c) Ampliación de crédito.
d) Crédito ampliable.

73. El Remanente Líquido de Tesorería, con el que financiar un crédito extraordinario o un suplemento de crédito, se integra por:

a) Mayores ingresos efectivamente recaudados que los previstos.
b) Fondos líquidos y derechos pendientes de cobro.
c) Anulaciones o bajas de créditos.
d) Operaciones especiales de crédito.

74. Se puede acudir a una operación de crédito para dotar un crédito extraordinario o un suplemento de crédito, con el fin de atender nuevos gastos por operaciones corrientes, siempre que la carga financiera de la Entidad no supere el siguiente porcentaje:

a) 25 %.
b) 10 %.
c) 5 %.
d) 50 %.

75. En este caso, la operación de crédito ha de quedar cancelada:

a) Antes de que concluya el ejercicio económico en el que se contraiga.
b) Antes de dos años.
c) Antes de que se renueve la Corporación.
d) Utilizando créditos ampliables.

76. El expediente de habilitación de créditos ha de ser ejecutivo:

a) Después de renovarse la Corporación.
b) En cualquiera de los ejercicios que de mandato tenga la Corporación.
c) En el mismo ejercicio en el que se apruebe.
d) Cuando lo estime oportuno el Alcalde, según las necesidades planteadas.

77. El plazo para resolver una reclamación contra un acuerdo de habilitación de créditos por calamidades públicas es de:

a) Un mes.
b) Quince días.
c) Diez días.
d) Ocho días.

78. Tiene carácter inmediatamente ejecutivo un acuerdo sobre:

a) Habilitación de crédito extraordinario.
b) Habilitación de crédito extraordinario en caso de catástrofe pública.
c) Cualquier suplemento de crédito.
d) Ninguno de los anteriores.

79. La modificación del Presupuesto de gastos mediante la que, sin alterar la cuantía total del mismo, se imputa el importe total o parcial de un crédito a otras partidas presupuestarias con diferente vinculación jurídica se denomina:

a) Habilitación de créditos extraordinarios.
b) Transferencias de crédito.
c) Generaciones de créditos por ingresos.
d) Bajas por anulación.

80. El órgano competente para efectuar la liquidación del Presupuesto, en un Municipio de régimen común, es el/la:

a) Junta de Gobierno Local.
b) Pleno de la Corporación.
c) Tribunal de Cuentas.
d) Alcalde o Presidente.

81. ¿A quién corresponde la incoación del expediente de concesión de crédito extraordinario?

a) Al Pleno de la Entidad local.
b) A la Junta de Gobierno local.
c) Al Secretario de la Corporación local.
d) Al Presidente de la Entidad local.

82. Señala cuál de las siguientes no puede ser una modificación de crédito que se lleve a cabo en los Presupuestos de Gastos de la Entidad y de sus Organismos Autónomos:

a) La incorporación de remanentes de crédito de ejercicio anterior.
b) Las bajas por anulación.
c) La generación de créditos por ingresos.
d) Las transferencias de remanentes de otras entidades.

83. La confección de los estados demostrativos de la liquidación del Presupuesto de la Entidad local, deberá realizarse:

a) Antes del día 1 de marzo del ejercicio siguiente.
b) Antes del día 31 de diciembre del ejercicio actual.
c) Antes del día 31 de octubre del ejercicio siguiente.
d) Antes del día 1 de enero del ejercicio actual.

84. Los remanentes de crédito no estarán integrados por:

a) La diferencia entre los gastos dispuestos o comprometidos y las obligaciones reconocidas.
b) La suma de los créditos disponibles, créditos no disponibles y créditos retenidos pendientes de utilizar.

c) La diferencia entre los gastos reconocidos y las obligaciones pendientes de reconocer.

d) La diferencia entre los gastos autorizados y los gastos comprometidos.

85. Con carácter general, los remanentes de crédito, al cierre del ejercicio:

a) Quedarán anulados y no se podrán incorporar al Presupuesto del ejercicio siguiente.

b) Quedarán anulados pero se podrán incorporar al Presupuesto del ejercicio siguiente.

c) No son anulados y se podrán incorporar al Presupuesto del ejercicio siguiente.

d) Se incorporan al Presupuesto del ejercicio siguiente, en todo caso.

Solución al test n.º 20

1. b) La expresión cifrada, conjunta y sistemática de las obligaciones que, como máximo, pueden reconocer la Entidad y sus Organismos Autónomos.

2. c) Las respuestas a) y b) son correctas.

3. d) Todas respuestas son correctas.

4. b) Orden EHA/3565/2008, de 3 de diciembre, por la que se aprueba la estructura de los Presupuestos de las Entidades Locales.

5. b) Pensiones.

6. a) Actuaciones de carácter económico.

7. a) Actuaciones de carácter general.

8. a) Producción de bienes públicos de carácter preferente.

9. b) Actuaciones de protección y promoción social.

10. c) Operaciones financieras y no financieras.

11. d) Atender a las necesidades imprevistas, inaplazables y no discrecionales, para las que no exista crédito presupuestario o el previsto resulte insuficiente.

12. b) De las capitales de provincia.

13. d) Todas las respuestas son verdaderas.

14. b) Se distinguen las operaciones no financieras de las financieras, subdividiéndose las primeras en operaciones corrientes y de capital.

15. b) Transferencias de capital.

16. b) La financiación de las entidades locales y sus organismos autónomos procedente de la emisión de Deuda Pública.

17. a) El Presidente de la entidad.

18. b) Anexo de personal de la Entidad Local.

19. a) Por quince días.

20. a) No se hubiesen presentado reclamaciones.

21. d) Todas las respuestas son válidas.

22. c) Se considerará automáticamente prorrogado el del anterior, con sus créditos iniciales.

23. c) Aquellas modificaciones del Presupuesto de Gastos, mediante las que se asigna crédito para la realización de un gasto específico y determinado que no puede demorarse hasta el ejercicio siguiente y para el que no existe crédito.

24. c) Las respuestas a y b son correctas.

25. b) Del Pleno de la Corporación, salvo cuando las bajas y las altas afecten a créditos de personal.

26. a) No afectarán a los créditos ampliables.

27. a) Los remanentes de los presupuestos de los cinco ejercicios anteriores.

28. a) Una Memoria justificativa.

29. a) Interponerse directamente recurso contencioso-administrativo.

30. d) Las respuestas a) y b) son correctas.

31. c) Límite cuantitativo.

32. a) Por su importe íntegro.

33. c) Bases de Ejecución.

34. c) Niveles de vinculación jurídica de los créditos.

35. c) Estado de consolidación del Presupuesto de la propia Entidad con el de todos los Presupuestos y estados de previsión de sus Organismos Autónomos y Sociedades Mercantiles.

36. d) Planes y programas de inversión y financiación.

37. a) Estado de Ingresos.

38. c) Estado de Gastos.

39. a) Planes de Etapas del Planeamiento Urbanístico.

40. d) Programa Financiero o de Financiación.

41. c) Cuatro años.

42. b) Anual.

43. b) Pleno coincidiendo con la aprobación del Presupuesto.

44. b) Se le añade un nuevo ejercicio a sus previsiones.

45. c) Sin déficit inicial.

46. b) Dicha compensación se efectuará respecto de los decrementos de los ingresos y los incrementos de los créditos.

47. b) Ministerio de Hacienda.

48. c) El Pleno de la Entidad Local.

49. a) Servicios públicos básicos.

50. c) Políticas de gasto.

51. b) Número diez.

52. d) De operaciones de capital y operaciones corrientes.

53. c) 9.

54. c) 3.

55. b) Subconceptos.

56. c) Gastos de Personal.

57. a) 8.

58. a) Gastos de Personal.

59. c) Pasivos Financieros.

60. b) Antes de concluir el ejercicio económico anterior a aquel en que vaya a regir.

61. a) Antes del 15 de octubre del año anterior en que va a regir.

62. d) Se prorroga automáticamente el del ejercicio anterior.

63. b) Presidente de la misma.

64. b) Quince días hábiles.

65. b) Un mes.

66. b) Boletín Oficial de la Corporación, si lo tuviere.

67. d) El ejercicio correspondiente, una vez publicado en el boletín oficial de la corporación, si lo tuviera, y, resumido por capítulos de cada uno de los presupuestos que lo integran, en el de la provincia o, en su caso, de la Comunidad Autónoma uniprovincial.

68. c) El contencioso-administrativo, sin necesidad de previa reposición.

69. b) Cuando la impugnación se refiera a la nivelación presupuestaria.

70. c) Liquidación de la obligación.

71. c) Acude a un crédito extraordinario.

72. b) Suplemento de crédito.

73. b) Fondos líquidos y derechos pendientes de cobro.

74. a) 25 %.

75. c) Antes de que se renueve la Corporación.

76. c) En el mismo ejercicio en el que se apruebe.

77. d) Ocho días.

78. b) Habilitación de crédito extraordinario en caso de catástrofe pública.

79. b) Transferencias de crédito.

80. d) Alcalde o Presidente.

81. d) Al Presidente de la Entidad local.

82. d) Las transferencias de remanentes de otras entidades.

83. a) Antes del día 1 de marzo del ejercicio siguiente.

84. c) La diferencia entre los gastos reconocidos y las obligaciones pendientes de reconocer.

85. a) Quedarán anulados y no se podrán incorporar al Presupuesto del ejercicio siguiente.

Derechos y obligaciones en materia de seguridad, higiene y salud en el trabajo, de la empresa y de los trabajadores. Prevención de Riesgos Laborales en el Trabajo con pantallas de visualización de datos (PVD)

1. ¿Cuál es la vigente Ley de Prevención de Riesgos Laborales?

a) Ley 32/1995, de 8 de noviembre.
b) Ley 30/1996, de 8 de noviembre.
c) Ley 31/1995, de 6 de noviembre.
d) Ley 31/1995, de 8 de noviembre.

2. La Ley de Prevención de Riesgos laborales, tiene por objeto:

a) Prevenir los accidentes en general.
b) Evitar riesgos en el recorrido al puesto de trabajo.
c) Promover la seguridad y la salud de los trabajadores.
d) Que cada vez haya menos accidentes de tráfico.

3. ¿Qué se entiende por "riesgo laboral"?

a) La posibilidad de que un trabajador sufra un determinado daño derivado del trabajo.
b) La posibilidad de que un trabajador sufra una enfermedad en el trabajo.
c) La posibilidad de que un trabajador sufra acoso.
d) El riesgo que supone el ir a trabajar.

4. Indica cuál es la definición de prevención:

a) La probabilidad racional de que un riesgo se materialice de forma inminente.
b) El estudio de los procesos potencialmente peligrosos para el trabajo.
c) Conjunto de actividades o medidas adoptadas o previstas en todas las fases de actividad de la empresa con el fin de evitar o disminuir los riesgos derivados del trabajo.
d) Posibilidad de que un trabajador sufra un determinado daño derivado del trabajo.

5. Según establece el art. 4 de la Ley 31/1995, de 8 de noviembre, de Prevención de Riesgos Laborales, se define como daños derivados del trabajo:

a) La posibilidad de que un trabajador sufra un determinado daño derivado del trabajo.
b) El que resulte probable racionalmente que se materialice en un futuro inmediato y pueda suponer y pueda suponer un daño grave para la salud de los trabajadores.
c) Las enfermedades, patologías o lesiones sufridas con motivo u ocasión del trabajo.
d) Cualquier máquina, aparato, instrumento o instalación utilizada en el trabajo.

6. Señale la respuesta incorrecta:

a) La Ley de Prevención de Riesgos Laborales se aplica a los operativos de Seguridad civil en casos de catástrofe.
b) La Ley de Prevención de Riesgos Laborales se aplica a las sociedades cooperativas.
c) En el ámbito de la relación laboral de carácter especial del servicio del hogar familiar, las personas trabajadoras tienen derecho a una protección eficaz en materia de seguridad y salud en el trabajo.
d) En los establecimientos penitenciarios, se adaptarán a la Ley de Prevención de Riesgos Laborales aquellas actividades cuyas características justifiquen una regulación especial.

7. Para calificar un riesgo desde el punto de vista de su gravedad, se valorarán conjuntamente la severidad del daño y:

a) La probabilidad de que se produzca.
b) La cantidad de trabajadores de la empresa.
c) La existencia o no de equipos individuales de protección.
d) Las condiciones de trabajo.

8. El derecho básico reconocido a los trabajadores por la Ley 31/1995, de 8 de noviembre, es:

a) La vigilancia de su estado de salud.
b) Una protección eficaz en materia de seguridad y salud en el trabajo.
c) La formación en materia preventiva.
d) La información, consulta y participación.

9. Entre los principios de la acción preventiva recogidos por el artículo 15 de la Ley de Prevención de Riesgos Laborales, no figura:

a) Evitar los riesgos.
b) Evaluar los riesgos que se puedan evitar.
c) Tener en cuenta la evolución de la técnica.
d) Dar las debidas instrucciones a los trabajadores.

10. En el marco de sus responsabilidades, el empresario realizará la prevención de los riesgos laborales mediante la integración en la empresa de:

a) Los equipos de protección individual.
b) Los Servicios de Prevención propios.

c) La actividad preventiva.
d) La normativa comunitaria.

11. Los instrumentos esenciales para la gestión y aplicación del Plan de preven-ción de riesgos laborales son:

a) La evaluación de riesgos y la planificación de la actividad preventiva.
b) La evaluación inicial de riesgos y la formación.
c) La planificación y la gestión de la actividad preventiva.
d) La identificación y la evaluación de los riesgos.

12. En relación a la vigilancia de la salud que ha de garantizar el empresario, el acceso a la información médica de carácter personal:

a) Se limitará al empresario y a los Servicios de Prevención propios.
b) Se limitará al Jefe inmediato del trabajador.
c) Sólo será accesible al propio trabajador.
d) Se limitará al personal médico y a las autoridades sanitarias que lleven a cabo la vigilancia.

13. Según la Ley de Prevención de Riesgos Laborales, es obligación de los traba-jadores en materia de prevención de riesgos:

a) La protección eficaz en materia de seguridad y salud en el trabajo.
b) Utilizar correctamente los medios y equipos de protección facilitados por el empre-sario, de acuerdo con las instrucciones recibidas de éste.
c) Soportar el coste de las medidas relativas a la seguridad y la salud en el trabajo.
d) Desarrollar una acción permanente de seguimiento de la actividad preventiva.

14. Cuando los trabajadores estén expuestos a un riesgo grave e inminente con ocasión de su trabajo, y el empresario no adopte o no permita la adopción de las medidas necesarias para garantizar la seguridad y la salud de los trabajadores, la Ley 31/1995, de 8 de noviembre, de Prevención de Riesgos Laborales prevé que:

a) Los trabajadores afectados podrán paralizar la actividad.
b) El órgano de representación del personal instará formalmente al empresario a la adopción de las medidas necesarias.
c) Los Delegados de Prevención lo comunicarán a la autoridad laboral, que adoptará las medidas necesarias.
d) El órgano de representación de personal podrá acordar la paralización de la actividad.

15. El art. 23 de la LPRL establece la documentación que el empresario debe elabo-rar y conservar a disposición de la autoridad laboral. De las siguientes no está incluido:

a) El Plan de prevención de riesgos laborales.
b) Evaluación de los riesgos para la seguridad y la salud en el trabajo.

c) La planificación de la actividad laboral.

d) La relación de accidentes de trabajo y enfermedades profesionales que hayan causado al trabajador una incapacidad laboral superior a un día de trabajo.

16. El posible cambio de puesto de trabajo con riesgo para una trabajadora embarazada:

a) Deberá realizarse en caso de imposibilidad de adaptación del propio puesto.

b) Se hará previo informe en tal sentido del Servicio de Prevención.

c) Se determinará por el empresario, y dará información a los representantes de los trabajadores.

d) Se extenderá al período de lactancia.

17. ¿Cuándo se deben utilizar los equipos de protección individual?

a) Siempre.

b) Cuando los riesgos no hayan sido evaluados.

c) Cuando los riesgos no se puedan evitar o no puedan limitarse.

d) Cuando el trabajador lo estime oportuno.

18. Las trabajadoras embarazadas ¿tienen derecho a ausentarse del trabajo para la realización de exámenes prenatales y técnicas de preparación al parto?

a) Sí, con derecho a remuneración, previo aviso al empresario y justificación de la necesidad de su realización dentro de la jornada de trabajo.

b) Sí, con derecho a remuneración, sin necesidad de avisar al empresario ni justificar la necesidad de su realización dentro de la jornada de trabajo.

c) Sí, sin derecho a remuneración, previo aviso al empresario y justificación de la necesidad de su realización dentro de la jornada de trabajo.

d) No, en ningún caso.

19. En las empresas de hasta 30 trabajadores el Delegado de Prevención será:

a) El propio empresario.

b) El trabajador más antiguo.

c) El trabajador de mayor cualificación.

d) El delegado de personal.

20. Las disposiciones mínimas de seguridad y salud relativas al trabajo con equipos que incluyen pantallas de visualización, han sido establecidas por:

a) El Real Decreto 773/1997, de 30 de mayo.

b) El Real Decreto 1215/1997, de 18 de julio.

c) El Real Decreto 488/1997, de 14 de abril.
d) El Real Decreto 485/1997, de 14 de abril.

21. La pantalla de visualización de datos se define, a efectos del Real Decreto 488/1997, de 14 de abril, sobre disposiciones mínimas de seguridad y salud relativas al trabajo con equipos que incluyen pantallas de visualización, como:

a) Los puestos de conducción de vehículos o máquinas.

b) Una pantalla alfanumérica o gráfica, independientemente del método de representación visual utilizado.

c) Las pantallas electrónicas de información y consulta en centros públicos, aeropuertos y estaciones de ferrocarril.

d) Las máquinas de escribir de diseño clásico, conocidas como "máquinas de ventanilla".

22. En relación con la pantalla del ordenador, indique la respuesta incorrecta:

a Los caracteres deben estar bien definidos.

b) Los caracteres deben tener una dimensión adecuada.

c) La polaridad negativa es más beneficiosa que la positiva por las condiciones de luminosidad.

d) La imagen debe ser estable, sin destellos, centelleos o cualquier otra forma de inestabilidad.

23. ¿Cuál es el objetivo principal del Real Decreto 488/1997?

a) Establecer normas sobre la ergonomía del lugar de trabajo.

b) Establecer las disposiciones mínimas de seguridad y salud relativas al trabajo con equipos que incluyen pantallas de visualización.

c) Regular los horarios de trabajo de los empleados que utilizan pantallas de visualización.

d) Determinar los salarios mínimos de los trabajadores en oficinas.

24. ¿Cómo define el Real Decreto 488/1997 un "puesto de trabajo" con pantalla de visualización?

a) Un equipo con pantalla de visualización, teclado y conexión a internet.

b) Un equipo con pantalla de visualización, teclado o dispositivo de adquisición de datos, de un programa para la interconexión persona/máquina, accesorios ofimáticos, asiento, mesa o superficie de trabajo y el entorno laboral inmediato.

c) Un equipo con pantalla de visualización y un software de ofimática.

d) Un equipo con pantalla de visualización, ratón y una impresora.

Solución al test n.º 21

1. d) Ley 31/1995, de 8 de noviembre.

2. c) Promover la seguridad y la salud de los trabajadores.

3. a) La posibilidad de que un trabajador sufra un determinado daño derivado del trabajo.

4. c) Conjunto de actividades o medidas adoptadas o previstas en todas las fases de actividad de la empresa con el fin de evitar o disminuir los riesgos derivados del trabajo.

5. c) Las enfermedades, patologías o lesiones sufridas con motivo u ocasión del trabajo.

6. a) La Ley de Prevención de Riesgos Laborales se aplica a los operativos de Seguridad civil en casos de catástrofe.

7. a) La probabilidad de que se produzca.

8. b) Una protección eficaz en materia de seguridad y salud en el trabajo.

9. b) Evaluar los riesgos que se puedan evitar.

10. c) La actividad preventiva.

11. a) La evaluación de riesgos y la planificación de la actividad preventiva.

12. d) Se limitará al personal médico y a las autoridades sanitarias que lleven a cabo la vigilancia.

13. b) Utilizar correctamente los medios y equipos de protección facilitados por el empresario, de acuerdo con las instrucciones recibidas de éste.

14. d) El órgano de representación de personal podrá acordar la paralización de la actividad.

15. c) La planificación de la actividad laboral.

16. a) Deberá realizarse en caso de imposibilidad de adaptación del propio puesto.

17. c) Cuando los riesgos no se puedan evitar o no puedan limitarse.

18. a) Sí, con derecho a remuneración, previo aviso al empresario y justificación de la necesidad de su realización dentro de la jornada de trabajo.

19. d) El delegado de personal.

20. c) El Real Decreto 488/1997, de 14 de abril.

21. b) Una pantalla alfanumérica o gráfica, independientemente del método de representación visual utilizado.

22. c) La polaridad negativa es más beneficiosa que la positiva por las condiciones de luminosidad.

23. b) Establecer las disposiciones mínimas de seguridad y salud relativas al trabajo con equipos que incluyen pantallas de visualización.

24. b) Un equipo con pantalla de visualización, teclado o dispositivo de adquisición de datos, de un programa para la interconexión persona/máquina, accesorios ofimáticos, asiento, mesa o superficie de trabajo y el entorno laboral inmediato.

Ley 19/2013, de 9 de diciembre, de Transparencia, acceso a la información pública y buen gobierno

1. La cualidad que permite y facilita el acceso de los ciudadanos a la información pública en poder de la Administración dentro de los límites establecidos por la legislación vigente, se conoce como:

a) Accesibilidad.
b) Transparencia.
c) Objetividad.
d) Buen gobierno.

2. En el Capítulo I del Título I: "Transparencia de la actividad pública" de la Ley 19/2013, concretamente en el art. 3, se señala que serán objeto de aplicación de las disposiciones las entidades privadas:

a) En cuyo capital social la participación, directa o indirecta, sea superior al 50 %.
b) Que perciban durante el período de un año ayudas o subvenciones públicas en una cuantía superior a 100.000 euros o cuando al menos el 40 % del total de sus ingresos anuales tengan carácter de ayuda o subvención pública, siempre que alcancen como mínimo la cantidad de 5.000 euros.
c) Con personalidad jurídica propia, vinculadas a cualquiera de las Administraciones Públicas o dependientes de ellas.
d) Que tengan atribuidas funciones de regulación o supervisión de carácter externo sobre un determinado sector o actividad.

3. En el ámbito de la Administración General del Estado, ¿a quién corresponde la evaluación del cumplimiento de los planes y programas anuales y plurianuales que las Administraciones Públicas deben publicar?

a) Al Ministerio de Hacienda y Función Pública.
b) Al Tribunal de Cuentas.
c) Al Instituto Nacional para las Administraciones Públicas (INAP).
d) A las Inspecciones Generales de Servicios.

4. El Portal de la Transparencia contendrá información publicada de acuerdo con las prescripciones técnicas que se establezcan reglamentariamente que deberán adecuarse a los siguientes principios. Señala la respuesta incorrecta:

a) Accesibilidad.
b) Interoperabilidad.
c) Control.
d) Reutilización.

5. ¿Qué título de la Ley 19/2013 regula todo lo relativo a la "Transparencia de la actividad pública"?

a) Título I.
b) Título II.
c) Título III.
d) Título IV.

6. ¿Qué plazo máximo otorgó la Ley 19/2013, de 9 de diciembre, de transparencia, acceso a la información pública y buen gobierno a los órganos de las Comunidades Autónomas y de las Entidades Locales para adaptarse a las obligaciones contenidas en dicha ley?

a) 1 año.
b) 2 años.
c) 3 años.
d) 5 años.

7. El cumplimiento de las obligaciones de publicidad activa derivadas de la Ley 19/2013, de 9 de diciembre, de transparencia, acceso a la información pública y buen gobierno, podrá realizarse utilizando los medios electrónicos puestos a su disposición por la Administración Pública de la que provenga la mayor parte de las ayudas o subvenciones públicas percibidas cuando se trate de entidades sin ánimo de lucro que persigan exclusivamente fines de interés social o cultural y cuyo presupuesto sea inferior a:

a) 50.000 euros.
b) 100.000 euros.
c) 200.000 euros.
d) 250.000 euros.

8. Según lo previsto en el artículo 18 de la Ley 19/2013, de 9 de diciembre, de transparencia, acceso a la información pública y buen gobierno, se inadmitirán a trámite, mediante resolución motivada, las solicitudes de acceso a la información:

a) Relativas a los intereses económicos y turísticos.
b) Relativas a la garantía de la confidencialidad o el secreto requerido en procesos de toma de decisión.
c) Relativas a información para cuya divulgación sea necesaria una acción previa de reelaboración.
d) Relativas a infraestructuras críticas.

9. ¿Qué organismo público se crea por la Ley 19/2013, de 9 de diciembre, de transparencia, acceso a la información pública y buen gobierno con la finalidad de promover la transparencia de la actividad pública, velar por el cumplimiento de las obligaciones de publicidad, salvaguardar el ejercicio de derecho de acceso a la información pública y garantizar la observancia de las disposiciones de buen gobierno?

a) El Instituto Nacional de Ética y Gobernanza.
b) La Comisión Ministerial de Lucha contra la Corrupción.
c) La Inspección de Servicios Administrativos.
d) El Consejo de Transparencia y Buen Gobierno.

10. El acceso a la información pública requiere:

a) Solicitud previa.
b) Acreditación de la condición de interesado.
c) Motivación expresa.
d) La utilización de medios telemáticos.

11. Cuando la información pública solicitada no contuviera datos especialmente protegidos, el órgano al que se dirija la solicitud concederá el acceso previa .... suficientemente razonada del interés público en la divulgación de la información y los derechos de los afectados cuyos datos aparezcan en la información solicitada, en particular su derecho fundamental a la protección de datos de carácter personal. Señala la palabra que falta:

a) Catalogación.
b) Acreditación.
c) Ponderación.
d) Identificación.

12. El incumplimiento reiterado de la obligación de resolver en plazo procedimientos de acceso a la información pública:

a) Tendrá la consideración de infracción grave.
b) Tendrá la consideración de infracción muy grave.
c) Tendrá la consideración de infracción leve.
d) No tendrá la consideración de infracción.

13. Frente a toda resolución expresa o presunta en materia de acceso podrá interponerse una reclamación ante el Consejo de Transparencia y Buen Gobierno, previo a su impugnación en vía contencioso-administrativa, con carácter:

a) Preceptivo.
b) Potestativo.
c) Colectivo.
d) Extraordinario.

14. Frente a toda resolución expresa o presunta en materia de acceso a la información pública podrá interponerse, con carácter potestativo y previo a su impugnación en vía contencioso-administrativa, una reclamación ante:

a) La Inspección de Servicios del Departamento correspondiente.

b) La Inspección de Servicios del Ministerio de Hacienda y Función Pública.

c) El Consejo de Transparencia y Buen Gobierno.

d) El Instituto para la Evaluación de las Políticas Públicas.

15. Según el artículo 7 de la Ley 19/2013, de 9 de diciembre, de transparencia, acceso a la información pública y buen gobierno, relativo a la información de relevancia jurídica:

a) Las Administraciones Públicas, en el ámbito de sus competencias, publicarán los proyectos de Reglamento cuya iniciativa les corresponda.

b) Las Administraciones Públicas, en el ámbito de sus competencias, no publicarán los proyectos de Reglamento cuya iniciativa les corresponda.

c) Las Administraciones Públicas, en el ámbito de sus competencias, no podrán publicar los anteproyectos de ley hasta su aprobación.

d) Las Administraciones Públicas no podrán publicar los proyectos de decretos legislativos cuando se soliciten los dictámenes a los órganos consultivos.

16. La Ley 19/2013 destaca tres ejes fundamentales de toda acción política. Señala cuál de los siguientes no es correcto:

a) La transparencia.

b) El acceso a la información pública.

c) Las normas de buen gobierno.

d) Las incompatibilidades.

17. El Título I de la Ley 19/2013 regula e incrementa la transparencia de la actividad de todos los sujetos que prestan servicios públicos o ejercen potestades administrativas mediante un conjunto de previsiones que se recogen en dos capítulos diferenciados y desde una doble perspectiva: el derecho de acceso a la información pública y:

a) Los conflictos de intereses.

b) La publicidad activa.

c) La austeridad.

d) Los principios de actuación.

18. El artículo 26 de la ley 19/2013 desglosa los principios de buen gobierno a los que someterán su actuación los miembros del Gobierno y los altos cargos. Entre los principios generales que señala figura:

a) No se implicarán en situaciones, actividades o intereses incompatibles con sus funciones y se abstendrán de intervenir en los asuntos en que concurra alguna causa que pueda afectar a su objetividad.

b) Guardarán la debida reserva respecto a los hechos o informaciones conocidos con motivo u ocasión del ejercicio de sus competencias.

c) Mantendrán una conducta digna y tratarán a los ciudadanos con esmerada corrección.

d) No aceptarán para sí regalos que superen los usos habituales, sociales o de cortesía, ni favores o servicios en condiciones ventajosas que puedan condicionar el desarrollo de sus funciones.

19. Según la Ley 19/2013, de 9 de diciembre, de Transparencia, Acceso a la Información Pública y Buen Gobierno, el derecho de acceso podrá ser limitado cuando acceder a la información suponga un perjuicio para:

a) La seguridad pública.
b) La igualdad de las partes en los procesos judiciales y la tutela judicial efectiva.
c) La política económica y monetaria.
d) Todo lo anterior.

20. La motivación de una solicitud de acceso a la información, según la Ley 19/2013:

a) Es requisito ineludible para que se facilite la información.
b) Será causa de rechazo de la solicitud.
c) Las dos respuestas anteriores son ciertas.
d) Se deja a la decisión del solicitante.

21. La transparencia de la actividad pública, respecto a la casa de su Majestad el Rey:

a) No se aplica.
b) Se aplica en todas sus actividades.
c) Se aplica en sus actividades sujetas al Derecho Administrativo.
d) Se aplica solo en sus actividades de índole política.

22. Para que se aplique la Ley 19/2013 a sociedades mercantiles, la participación en las mismas de entidades de Derecho Público debe ser superior al:

a) 10 %.
b) 20 %.
c) 50 %.
d) No se aplica en caso alguno dicha ley a este tipo de sociedades.

23. ¿Qué define el artículo 13 de la Ley 19/2013 como, los contenidos o documentos, cualquiera que sea su formato o soporte, que obren en poder de alguno de los sujetos incluidos en el ámbito de aplicación de este título (título I) y que hayan sido elaborados o adquiridos en el ejercicio de sus funciones?

a) La información pública.
b) La publicidad activa.
c) La información de relevancia jurídica.
d) La información general.

24. Corresponde recibir y dar tramitación a las solicitudes de acceso a la información, en el ámbito de la Administración General del Estado:

a) A la Oficina para la ejecución de la reforma de la Administración.
b) A las Unidades de Información y Transparencia.

c) A la Dirección de Tecnologías de la Información y las Comunicaciones.
d) A las Inspecciones de Servicios.

25. ¿Cuál de los siguientes contenidos de la Ley 19/2013 entró primeramente en vigor?

a) El Título I (Transparencia de la actividad pública).
b) El Título II (Buen Gobierno).
c) El Título III (Consejo de Transparencia y Buen Gobierno)
d) El Título Preliminar (Objeto de la ley).

26. Según el artículo 5 de la Ley 19/2013, de 9 de diciembre, de transparencia, acceso a la información pública y buen gobierno, toda la información será comprensible, de acceso fácil y gratuito y estará a disposición de las personas con discapacidad en una modalidad suministrada por medios o en formatos adecuados de manera que resulten accesibles y comprensibles, conforme al principio de:

a) Igualdad de oportunidades.
b) No discriminación.
c) Eficacia.
d) Accesibilidad universal y diseño para todos.

27. Señala la respuesta incorrecta. Según el artículo 6 de la Ley 19/2013, de 9 de diciembre, de transparencia, acceso a la información pública y buen gobierno, los sujetos comprendidos en el ámbito de aplicación de su título I deben publicar información relativa a:

a) Las funciones que desarrollan.
b) La normativa que les sea de aplicación.
c) El personal adscrito.
d) Su estructura organizativa.

28. El incumplimiento reiterado de las obligaciones de publicidad activa reguladas en el Capítulo II del Título I de la Ley 19/2013, de 9 de diciembre, de transparencia, acceso a la información pública y buen gobierno, tendrá la consideración, a los efectos de aplicación a sus responsables del régimen disciplinario previsto en la correspondiente normativa reguladora, de infracción:

a) Grave.
b) Leve.
c) Muy grave.
d) No constituye infracción administrativa.

29. ¿Cuántos senadores forman parte de la Comisión de Transparencia y Buen Gobierno?

a) Uno.
b) Dos.
c) Tres.
d) Cinco.

30. En virtud del artículo 11 de la Ley 19/2013, de 9 de diciembre, de transparencia, acceso a la información pública y buen gobierno, el Portal de la Transparencia proporcionará información estructurada sobre los documentos y recursos de información con vistas a facilitar la identificación y búsqueda de la información, en base al principio de:

a) Interoperabilidad.
b) Accesibilidad.
c) Reutilización.
d) Disponibilidad.

31. Señala la respuesta incorrecta. El derecho de acceso a la información pública podrá ser limitado cuando acceder a la información suponga un perjuicio para:

a) Los intereses económicos y comerciales.
b) La garantía de la confidencialidad o el secreto requerido en procesos de toma de decisión.
c) El honor de los funcionarios o cargos directivos.
d) La protección del medio ambiente.

32. Los documentos que contengan datos personales de carácter policial, procesal, clínico o de cualquier otra índole que puedan afectar a la seguridad de las personas, a su honor, a la intimidad de su vida privada y familiar y a su propia imagen, no podrán ser públicamente consultados sin que medie consentimiento expreso de los afectados o hasta que haya transcurrido un plazo desde su muerte, si su fecha es conocida, de:

a) 25 años.
b) 30 años.
c) 40 años.
d) 50 años.

33. Señala la respuesta incorrecta. La solicitud de acceso a la información pública podrá presentarse por cualquier medio que permita tener constancia de:

a) La identidad del solicitante.
b) La información que se solicita.
c) Una dirección de contacto, preferentemente electrónica, a efectos de comunicaciones.
d) La motivación de la solicitud.

34. No es una causa de inadmisión de las solicitudes de acceso a la información pública:

a) Que se refieran a información que esté en curso de elaboración o de publicación general.
b) Que se dirijan a un órgano en cuyo poder no obre la información.
c) Que sean manifiestamente repetitivas.
d) Que se refieran a información para cuya divulgación sea necesaria una acción previa de reelaboración.

35. Frente a toda resolución expresa o presunta en materia de acceso podrá interponerse una reclamación ante el Consejo de Transparencia y Buen Gobierno, con carácter potestativo y previo a su impugnación en vía contencioso-administrativa. El plazo máximo para resolver y notificar la resolución será de:

a) 15 días.
b) 1 mes.
c) 3 meses.
d) 6 meses.

Solución al test n.º 22

1. b) Transparencia.

2. b) Que perciban durante el período de un año ayudas o subvenciones públicas en una cuantía superior a 100.000 euros o cuando al menos el 40 % del total de sus ingresos anuales tengan carácter de ayuda o subvención pública, siempre que alcancen como mínimo la cantidad de 5.000 euros.

3. d) A las Inspecciones Generales de Servicios.

4. c) Control.

5. a) Título I.

6. b) 2 años.

7. a) 50.000 euros.

8. c) Relativas a información para cuya divulgación sea necesaria una acción previa de reelaboración.

9. d) El Consejo de Transparencia y Buen Gobierno.

10. a) Solicitud previa.

11. c) Ponderación.

12. a) Tendrá la consideración de infracción grave.

13. b) Potestativo.

14. c) El Consejo de Transparencia y Buen Gobierno.

15. a) Las Administraciones Públicas, en el ámbito de sus competencias, publicarán los proyectos de Reglamento cuya iniciativa les corresponda.

16. d) Las incompatibilidades.

17. b) La publicidad activa.

18. c) Mantendrán una conducta digna y tratarán a los ciudadanos con esmerada corrección.

19. d) Todo lo anterior.

20. d) Se deja a la decisión del solicitante.

21. c) Se aplica en sus actividades sujetas al Derecho Administrativo.

22. c) 50 %.

23. a) La información pública.

24. b) A las Unidades de Información y Transparencia.

25. b) El Título II (Buen Gobierno).

26. d) Accesibilidad universal y diseño para todos.

27. c) El personal adscrito.

28. a) Grave.

29. a) Uno.

30. b) Accesibilidad.

31. c) El honor de los funcionarios o cargos directivos.

32. a) 25 años.

33. d) La motivación de la solicitud.

34. b) Que se dirijan a un órgano en cuyo poder no obre la información.

35. c) 3 meses.

TEST N.º 23

La Ley Orgánica 3/2018, de 5 de diciembre, de Protección de Datos personales y garantía de los derechos digitales

1. El artículo 18.1. de la Constitución Española garantiza el derecho al honor, a la intimidad personal y familiar y a:

a) La protección de datos de carácter personal.
b) La confidencialidad.
c) La propia imagen.
d) El secreto profesional.

2. Según el artículo 18.3 de la Constitución Española, se garantiza el secreto de las comunicaciones y, en especial, de las postales, telegráficas y telefónicas:

a) Siempre.
b) Salvo resolución judicial.
c) Excepto en los casos que establezcan las leyes.
d) Salvo consentimiento del interesado.

3. El RGPD señala al determinar cuál es su objeto, que la libre circulación de los datos personales en la Unión:

a) Podrá ser restringida y prohibida por motivos relacionados con la protección de las personas físicas en lo que respecta al tratamiento de datos personales.
b) Podrá ser restringida, pero no prohibida, por motivos relacionados con la protección de las personas físicas en lo que respecta al tratamiento de datos personales.
c) No podrá ser restringida ni prohibida por motivos relacionados con la protección de las personas físicas en lo que respecta al tratamiento de datos personales.
d) No podrá ser restringida, pero sí prohibida, por motivos relacionados con la protección de las personas físicas en lo que respecta al tratamiento de datos personales.

4. El Reglamento General de Protección de Datos se aplica:

a) Únicamente al tratamiento automatizado de datos personales.

b) Únicamente al tratamiento no automatizado de datos personales contenidos o destinados a ser incluidos en un fichero.

c) Únicamente al tratamiento total o parcialmente automatizado de datos personales.

d) Al tratamiento total o parcialmente automatizado de datos personales, así como al tratamiento no automatizado de datos personales contenidos o destinados a ser incluidos en un fichero.

5. El Reglamento General de Protección de Datos se aplica:

a) Al tratamiento de datos personales que no tenga lugar en la Unión Europea en el contexto de las actividades de un establecimiento del responsable o del encargado en la Unión Europea.

b) Al tratamiento de datos personales en el ejercicio de una actividad no comprendida en el ámbito de aplicación del Derecho de la Unión.

c) Al tratamiento de datos personales efectuado por una persona física en el ejercicio de actividades exclusivamente personales o domésticas.

d) Al tratamiento de datos personales por parte de las autoridades competentes con fines de prevención, investigación, detección o enjuiciamiento de infracciones penales, o de ejecución de sanciones penales, incluida la de protección frente a amenazas a la seguridad pública y su prevención.

6. Los datos personales obtenidos a partir de un tratamiento técnico específico, relativos a las características físicas, fisiológicas o conductuales de una persona física que permitan o confirmen la identificación única de dicha persona, como imágenes faciales o datos dactiloscópicos, se denominan:

a) Datos corporales.

b) Datos naturales.

c) Datos genéticos.

d) Datos biométricos.

7. ¿En virtud de qué principio previsto por el Reglamento General de Protección de Datos, los datos personales serán adecuados, pertinentes y limitados a lo necesario en relación con los fines para los que son tratados?

a) Principio de exactitud.

b) Principio de limitación de la finalidad.

c) Principio de responsabilidad proactiva.

d) Principio de minimización de datos.

8. En relación con el consentimiento, el Reglamento General de Protección de Datos dispone que:

a) El consentimiento puede deducirse del silencio o de la inacción de los ciudadanos.

b) Se permite el llamado consentimiento tácito.

c) No es admisible el consentimiento del interesado dado en el contexto de una declaración escrita que también se refiera a otros asuntos.

d) Quienes recopilen datos personales deben ser capaces de demostrar que el afectado les otorgó su consentimiento.

9. Como la consecuencia del derecho que tienen los ciudadanos a solicitar, y obtener de los responsables, que los datos personales sean suprimidos cuando, entre otros casos, estos ya no sean necesarios para la finalidad con la que fueron recogidos, cuando se haya retirado el consentimiento o cuando estos se hayan recogido de forma ilícita, el Reglamento General de Protección de Datos propugna el derecho:

a) Al olvido.
b) De oposición.
c) De rectificación.
d) Al borrado.

10. Según el Reglamento General de Protección de Datos, cuando los datos personales no se hayan obtenido del interesado, el responsable del tratamiento le facilitará, entre otras informaciones, los fines del tratamiento a que se destinan los datos personales, así como la base jurídica del tratamiento. El responsable del tratamiento facilitará la información dentro de un plazo razonable, una vez obtenidos los datos personales, y a más tardar dentro de:

a) 10 días hábiles.
b) 20 días.
c) 1 mes.
d) 3 meses.

11. Según el artículo 5 del Reglamento (UE) 2016/679, de 27 de abril, relativo a la protección de las personas físicas en lo que respecta al tratamiento de datos personales y a la libre circulación de estos datos, los datos personales serán tratados, en relación con el interesado, de manera lícita, leal y:

a) Fiable.
b) Segura.
c) Confidencial.
d) Transparente.

12. Conforme al artículo 3 de la LO 3/2018, las personas vinculadas al fallecido por razones familiares o de hecho así como sus herederos:

a) No podrán dirigirse al responsable o encargado del tratamiento para solicitar el acceso a los datos personales de aquella, si no es por vía judicial.

b) Solo podrán dirigirse al encargado del tratamiento, siempre que sea con objeto de rectificar datos manifiestamente falsos.

c) Podrán dirigirse al responsable o encargado del tratamiento siempre que sea con objeto de solicitar la supresión de los datos personales de aquella sin posibilidad de acceder a ellos.

d) Podrán dirigirse al responsable o encargado del tratamiento al objeto de solicitar el acceso a los datos personales de aquella y, en su caso, su rectificación o supresión.

13. Cuando los plazos se señalen por días en el RGPD o en la LO 3/2018, se entiende que estos:

a) Son naturales.

b) Son hábiles, de lunes a sábado, excluyéndose del cómputo los domingos y los declarados festivos.

c) Son naturales, excluyéndose del cómputo los declarados festivos.

d) Son hábiles, excluyéndose del cómputo los sábados, los domingos y los declarados festivos.

14. En relación con el consentimiento del interesado al tratamiento de datos de carácter personal, es cierto que:

a) En ningún caso se puede obligar a nadie a facilitar sus datos.

b) El consentimiento ha de ser previo a la información sobre el tratamiento.

c) Si se puede consentir libremente, del mismo modo, se puede retirar el consentimiento.

d) La solicitud del consentimiento deberá ir referida a todos los tratamientos que se puedan dar en un plazo determinado.

15. Conforme al RGPD, el interesado tendrá derecho a obtener del responsable del tratamiento la limitación del tratamiento de los datos cuando el responsable ya no necesite los datos personales para los fines del tratamiento, pero el interesado los necesite para:

a) La formulación, el ejercicio o la defensa de reclamaciones.

b) Verificar la exactitud de los mismos.

c) Incorporarlos a sus archivos personales.

d) Proceder él mismo a su destrucción.

16. El derecho a la portabilidad de los datos:

a) Se podrá aplicar a los tratamientos que sean necesarios para el cumplimiento de una misión realizada en interés público o en el ejercicio de poderes públicos conferidos al responsable del tratamiento.

b) A diferencia de otros derechos, podrá afectar negativamente a los derechos y libertades de otros.

c) Supone la obligación de que, en todo caso, los datos personales se transmitan directamente de responsable a responsable.

d) Requiere que el tratamiento se efectúe por medios automatizados.

17. En virtud del derecho de acceso al que se refiere el artículo 15 del Reglamento (UE) 2016/679, del Parlamento Europeo y del Consejo, de 27 de abril, relativo a la protección de las personas físicas en lo que respecta al tratamiento de datos personales y a la libre circulación de estos datos y por el que se deroga la Directiva 95/46/CE:

a) El interesado tendrá derecho a conocer si sus datos de carácter personal están siendo tratados, qué datos son objeto de dicho tratamiento, la finalidad del mismo, el origen de los citados datos y si se han comunicado o se van a comunicar a un tercero.
b) El interesado, previo pago de un canon, tendrá derecho a obtener información sobre sus datos de carácter personal sometidos a tratamiento.
c) El interesado tiene derecho a conocer el nombre y apellidos de las personas que han accedido a sus datos.
d) El interesado tendrá derecho a obtener información de sus datos de carácter personal sometidos a tratamiento, pero no de las comunicaciones que se prevean hacer de ellos.

18. Conforme al RGPD, ¿puede facilitarse la información al interesado de forma verbal?

a) No, en ningún caso.
b) Sí, siempre que lo solicite el interesado.
c) Sí, en cualquier caso siempre que se demuestre la identidad del interesado por otros medios.
d) Sí, cuando lo solicite el interesado y se pueda demostrar su identidad por otros medios.

19. Conforme al RGPD, la información al interesado sobre la base de una solicitud será facilitada por el responsable del tratamiento en el plazo de un mes a partir de la recepción de la solicitud. Teniendo en cuenta la complejidad y el número de solicitudes, dicho plazo será prorrogado:

a) 15 días más.
b) Un mes más.
c) Otros dos meses.
d) Otros tres meses.

20. Señala la respuesta incorrecta. El artículo 15 del RGPD dispone que el interesado tendrá derecho a obtener del responsable del tratamiento confirmación de si se están tratando o no datos personales que le conciernen y, en tal caso, derecho de acceso a los datos personales y a información sobre la existencia de decisiones automatizadas, incluida la elaboración de perfiles, y, al menos en tales casos, información significativa sobre:

a) Los demás interesados afectados por las decisiones.
b) La lógica aplicada.
c) La importancia del tratamiento.
d) Las consecuencias para el interesado previstas de dicho tratamiento.

21. Conforme al artículo 16 del RGPD, teniendo en cuenta los fines del tratamiento, el interesado tendrá derecho a que se completen los datos personales que sean incompletos, inclusive mediante:

a) Levantamiento de acta.
b) Certificación de modificación.
c) Una declaración adicional.
d) Elaboración de anexos.

22. Según el artículo 17 del RGPC, el interesado tendrá derecho a obtener sin dilación indebida del responsable del tratamiento la supresión de los datos personales que le conciernan, el cual estará obligado a suprimir sin dilación indebida los datos personales cuando concurra alguna de las circunstancias siguientes:

a) Los datos personales siguen siendo necesarios en relación con los fines para los que fueron recogidos y tratados del mismo modo.
b) El interesado retire el consentimiento en que se basa el tratamiento, y este se basa en otro fundamento jurídico.
c) El interesado se opone al tratamiento de datos personales que tiene por objeto la mercadotecnia directa.
d) Los datos personales no han sido obtenidos en relación con la oferta de servicios de la sociedad de la información.

23. Conforme al artículo 17 del RGPD, el derecho de supresión no se podrá aplicar cuando:

a) Los datos personales ya no sean necesarios en relación con los fines para los que fueron recogidos o tratados de otro modo.
b) Los datos personales se hayan obtenido en relación con la oferta de servicios de la sociedad de la información.
c) Los datos personales hayan sido tratados ilícitamente.
d) Los datos personales sean necesarios para ejercer el derecho a la libertad de expresión e información.

24. Conforme al artículo 17 del RGPD, el derecho de supresión no se podrá aplicar cuando:

a) El interesado retire el consentimiento en que se basa el tratamiento, y este no se base en otro fundamento jurídico.
b) El tratamiento sea necesario para la formulación, el ejercicio o la defensa de reclamaciones.
c) El interesado se oponga al tratamiento y no prevalezcan otros motivos legítimos para el tratamiento.
d) El interesado se oponga al tratamiento cuando el tratamiento de datos personales tenga por objeto la mercadotecnia directa.

25. Conforme al artículo 18 del RGPD, el interesado tendrá derecho a obtener del responsable del tratamiento la limitación del tratamiento de los datos:

a) Cuando los datos personales ya no sean necesarios en relación con los fines para los que fueron recogidos o tratados de otro modo.

b) Para que el interesado pueda ejercer el derecho a la libertad de expresión e información.

c) Cuando el interesado impugne la exactitud de los datos personales, durante un plazo que permita al responsable verificar la exactitud de los mismos.

d) Por razones de interés público en el ámbito de la salud pública.

26. En relación con el derecho de portabilidad, es cierto que:

a) El ejercicio de este derecho impide el ejercicio del derecho de supresión.

b) Al ejercer su derecho a la portabilidad de los datos, el interesado tendrá que transmitir los datos directamente al nuevo responsable de los mismos.

c) Se aplicará al tratamiento que sea necesario para el cumplimiento de una misión realizada en interés público o en el ejercicio de poderes públicos conferidos al responsable del tratamiento.

d) No podrá afectar negativamente a los derechos y libertades de otros.

27. En referencia con el derecho de oposición, el artículo 21 del RGPD señala que:

a) Cuando el tratamiento de datos personales tenga por objeto la mercadotecnia directa, el interesado tendrá derecho a oponerse en todo momento al tratamiento de los datos personales que le conciernan.

b) A más tardar en el momento de la segunda comunicación con el interesado, el derecho de oposición será mencionado explícitamente al interesado y será presentado claramente y al margen de cualquier otra información.

c) Aun cuando el tratamiento de datos personales tenga por objeto la mercadotecnia directa, el interesado no podrá oponerse a la elaboración de perfiles relacionada con la citada mercadotecnia.

d) Los motivos legítimos para el tratamiento por parte del responsable del tratamiento no pueden prevalecer sobre los intereses, derechos y libertades del interesado.

28. Señala la respuesta incorrecta. Conforme al artículo 22 del RGPD, en caso de que las decisiones individuales automatizadas sean necesarias para la ejecución de un contrato entre el interesado y un responsable del tratamiento, este deberá adoptar las medidas adecuadas para salvaguardar los derechos y libertades y los intereses legítimos del interesado, como mínimo el derecho:

a) A ser indemnizado.

b) A obtener intervención humana por parte del responsable.

c) A expresar su punto de vista.

d) A impugnar la decisión.

29. El RGPD considera "destinatario":

a) A la persona física o jurídica, autoridad pública, servicio u otro organismo al que se comuniquen datos personales, siempre que se trate de un tercero.

b) A la persona física o jurídica, autoridad pública, servicio u otro organismo al que se comuniquen datos personales, se trate o no de un tercero.

c) A la autoridad pública que pueda recibir datos personales en el marco de una investigación concreta de conformidad con el Derecho de la Unión o de los Estados miembros.

d) A la persona física o jurídica, autoridad pública, servicio u organismo distinto del interesado, del responsable del tratamiento, del encargado del tratamiento y de las personas autorizadas para tratar los datos personales bajo la autoridad directa del responsable o del encargado.

30. El RGPD denomina a la autoridad pública independiente establecida por un Estado miembro:

a) Agencia Nacional de Protección de Datos.

b) Representante.

c) Autoridad de control.

d) Autoridad de referencia.

31. Las Administraciones Públicas incorporarán a los temarios de las pruebas de acceso a los cuerpos superiores y a aquellos en que habitualmente se desempeñen funciones que impliquen el acceso a datos personales materias relacionadas con la garantía de los derechos digitales y en particular:

a) El de protección de datos.

b) El de libertad de expresión.

c) El de protección de los menores.

d) El de seguridad de las comunicaciones.

32. Conforme al artículo 3 de la LO 3/2018, las personas vinculadas al fallecido por razones familiares o de hecho así como sus herederos:

a) No podrán dirigirse al responsable o encargado del tratamiento para solicitar el acceso a los datos personales de aquella, si no es por vía judicial.

b) Solo podrán dirigirse al encargado del tratamiento, siempre que sea con objeto de rectificar datos manifiestamente falsos.

c) Podrán dirigirse al responsable o encargado del tratamiento siempre que sea con objeto de solicitar la supresión de los datos personales de aquella sin posibilidad de acceder a ellos.

d) Podrán dirigirse al responsable o encargado del tratamiento al objeto de solicitar el acceso a los datos personales de aquella y, en su caso, su rectificación o supresión.

33. La Agencia Española de Protección de Datos:

a) Es un ente de derecho privado.
b) Actúa con sujeción a las instrucciones del Ministro de Justicia.
c) Tiene personalidad jurídica propia.
d) Tiene plena capacidad pública, pero no privada.

34. Sustituirá y auxiliará en el ejercicio de sus funciones a la Presidencia de la Agencia Española:

a) Un Vicepresidente.
b) Un Adjunto.
c) Un Delegado.
d) Un Director.

35. En relación con la inspección en materia de protección de datos, es cierto que:

a) Los funcionarios que desarrollen actividades de investigación tendrán la consideración de agentes de la autoridad en el ejercicio de sus funciones, y estarán obligados a guardar secreto sobre las informaciones que conozcan con ocasión de dicho ejercicio, incluso después de haber cesado en él.

b) La actividad de investigación de la Agencia Española de Protección de Datos se llevará a cabo necesariamente por los funcionarios de la Agencia.

c) En los casos de actuaciones conjuntas de investigación conforme a lo dispuesto en el artículo 62 del Reglamento (UE) 2016/679, el personal de las autoridades de control de otros Estados Miembros de Unión Europea que colabore con la Agencia ejercerá sus facultades con arreglo a lo previsto en su normativa propia, sin injerencia alguna por parte del personal de esta.

d) En ningún caso los poderes de investigación podrán suponer la entrada en domicilios particulares.

Solución al test n.º 23

1. c) La propia imagen.

2. b) Salvo resolución judicial.

3. c) No podrá ser restringida ni prohibida por motivos relacionados con la protección de las personas físicas en lo que respecta al tratamiento de datos personales.

4. d) Al tratamiento total o parcialmente automatizado de datos personales, así como al tratamiento no automatizado de datos personales contenidos o destinados a ser incluidos en un fichero.

5. a) Al tratamiento de datos personales que no tenga lugar en la Unión Europea en el contexto de las actividades de un establecimiento del responsable o del encargado en la Unión Europea.

6. d) Datos biométricos.

7. d) Principio de minimización de datos.

8. d) Quienes recopilen datos personales deben ser capaces de demostrar que el afectado les otorgó su consentimiento.

9. a) Al olvido.

10. c) 1 mes.

11. d) Transparente.

12. d) Podrán dirigirse al responsable o encargado del tratamiento al objeto de solicitar el acceso a los datos personales de aquella y, en su caso, su rectificación o supresión.

13. d) Son hábiles, excluyéndose del cómputo los sábados, los domingos y los declarados festivos.

14. c) Si se puede consentir libremente, del mismo modo, se puede retirar el consentimiento.

15. a) La formulación, el ejercicio o la defensa de reclamaciones.

16. d) Requiere que el tratamiento se efectúe por medios automatizados.

17. a) El interesado tendrá derecho a conocer si sus datos de carácter personal están siendo tratados, qué datos son objeto de dicho tratamiento, la finalidad del mismo, el origen de los citados datos y si se han comunicado o se van a comunicar a un tercero.

18. d) Sí, cuando lo solicite el interesado y se pueda demostrar su identidad por otros medios.

19. c) Otros dos meses.

20. a) Los demás interesados afectados por las decisiones.

21. c) Una declaración adicional.

22. c) El interesado se opone al tratamiento de datos personales que tiene por objeto la mercadotecnia directa.

23. d) Los datos personales sean necesarios para ejercer el derecho a la libertad de expresión e información.

24. b) El tratamiento sea necesario para la formulación, el ejercicio o la defensa de reclamaciones.

25. c) Cuando el interesado impugne la exactitud de los datos personales, durante un plazo que permita al responsable verificar la exactitud de los mismos.

26. d) No podrá afectar negativamente a los derechos y libertades de otros.

27. a) Cuando el tratamiento de datos personales tenga por objeto la mercadotecnia directa, el interesado tendrá derecho a oponerse en todo momento al tratamiento de los datos personales que le conciernan.

28. a) A ser indemnizado.

29. b) A la persona física o jurídica, autoridad pública, servicio u otro organismo al que se comuniquen datos personales, se trate o no de un tercero.

30. c) Autoridad de control.

31. a) El de protección de datos.

32. d) Podrán dirigirse al responsable o encargado del tratamiento al objeto de solicitar el acceso a los datos personales de aquella y, en su caso, su rectificación o supresión.

33. c) Tiene personalidad jurídica propia.

34. b) Un Adjunto.

35. a) Los funcionarios que desarrollen actividades de investigación tendrán la consideración de agentes de la autoridad en el ejercicio de sus funciones, y estarán obligados a guardar secreto sobre las informaciones que conozcan con ocasión de dicho ejercicio, incluso después de haber cesado en él.

TEST N.º 24

Principios, políticas y medidas de igualdad de género. Normativa vigente en el ordenamiento español y en el de la Unión Europea. La Ley Orgánica 3/2007, de 22 de marzo, para la Igualdad Efectiva de Mujeres y Hombres. Políticas contra la violencia de género. La Ley Orgánica 1/2004, de 28 de diciembre, de Medidas de Protección Integral contra la Violencia de Género

1. Según el artículo 9.2. de la Constitución, "corresponde a los poderes públicos .... las condiciones para que la libertad y la igualdad del individuo y de los grupos en que se integra sean reales y efectivas; .... los obstáculos que impidan o dificulten su plenitud y .... la participación de todos los ciudadanos en la vida política, económica, cultural y social.". ¿Qué tres verbos faltan en la anterior frase?

a) Promover, remover y facilitar.
b) Impulsar, superar y posibilitar.
c) Crear, eliminar y alentar.
d) Facilitar, disminuir y promover.

2. ¿Qué título de la LO 3/2007, de 22 de marzo, para la igualdad efectiva de mujeres y hombres, trata sobre el principio de igualdad en el empleo público?

a) Título II.
b) Título IV.
c) Título V.
d) Título VI.

3. Según su artículo 1, la LO 3/2007 tiene por objeto hacer efectivo el derecho de:

a) Conciliación de la vida laboral y familiar de mujeres y hombres.
b) Igualdad de trato y de oportunidades entre mujeres y hombres.
c) Participación en los asuntos públicos en igualdad de condiciones.
d) No discriminación por razón de sexo.

4. Las obligaciones establecidas en la LO 3/2007 son de aplicación:

a) A toda persona, física o jurídica, que se encuentre o actúe en territorio español, cualquiera que fuese su nacionalidad, domicilio o residencia.

b) A todos los ciudadanos españoles, ya sea en territorio español o territorio de cualquier país extranjero.

c) A toda persona, física o jurídica, que se encuentre o actúe en territorio español, con nacionalidad española.

d) A toda persona, física o jurídica, que resida en territorio español, cualquiera que fuese su nacionalidad.

5. La LO 3/2007 entró en vigor el 24 de marzo de 2007, con una excepción que entró en vigor el 31 de diciembre de 2008:

a) Lo previsto en el artículo 19 sobre la obligatoriedad de los proyectos de disposiciones de carácter general de incorporar un informe sobre su impacto por razón de género.

b) Lo previsto en el artículo 44.3., referente al reconocimiento a los padres del derecho a un permiso y una prestación por paternidad.

c) Lo previsto en el artículo 49, sobre la implantación de planes de igualdad en las pequeñas y medianas empresas.

d) Lo previsto en el artículo 71.2., referente a costes relacionados con el embarazo y el parto en contratos de seguros o servicios financieros.

6. Según el artículo 4 de la LO 3/2007, la igualdad de trato y de oportunidades entre mujeres y hombres:

a) Es un deber de las Administraciones Públicas.

b) Es una fuente formal del Derecho.

c) Es un principio informador del ordenamiento jurídico.

d) Es un objetivo fundamental del procedimiento administrativo.

7. Señala la respuesta incorrecta. Según el artículo 3 de la LO 3/2007, el principio de igualdad de trato entre mujeres y hombres supone la ausencia de toda discriminación, directa o indirecta, por razón de sexo, y especialmente, las derivadas de:

a) La maternidad.

b) La tendencia sexual.

c) La asunción de obligaciones familiares.

d) El estado civil.

8. La situación en que se encuentra una persona que sea, haya sido o pudiera ser tratada, en atención a su sexo, de manera menos favorable que otra en situación comparable, se considera:

a) Discriminación directa.

b) Acoso sexual.

c) Discriminación indirecta.
d) Violencia de género.

9. Cualquier comportamiento realizado en función del sexo de una persona, con el propósito o el efecto de atentar contra su dignidad y de crear un entorno intimidatorio, degradante u ofensivo, constituye:

a) Discriminación directa.
b) Acoso sexual.
c) Acoso por razón de sexo.
d) Discriminación indirecta.

10. Los actos y las cláusulas de los negocios jurídicos que constituyan o causen discriminación por razón de sexo se considerarán:

a) Válidos, pero anulables.
b) Nulos y sin efecto.
c) Ilegales.
d) Nulos, pero con efectos.

11. Con el fin de hacer efectivo el derecho constitucional de la igualdad, los Poderes Públicos adoptarán medidas específicas en favor de las mujeres para corregir situaciones patentes de desigualdad de hecho respecto de los hombres. Tales medidas, que serán aplicables en tanto subsistan dichas situaciones, habrán de ser en relación con el objetivo perseguido en cada caso, razonables y:

a) Justificadas.
b) Autorizadas judicialmente.
c) Transparentes.
d) Proporcionadas.

12. El artículo 14 de la LO 3/2007 señala como uno de los criterios generales de actuación de los Poderes Públicos para el cumplimiento de los fines de esta ley, la participación equilibrada de mujeres y hombres en:

a) Los órganos colegiados de organismos públicos.
b) Los órganos directivos de las empresas de más de 250 trabajadores.
c) Los tribunales de selección y de decisión.
d) Las candidaturas electorales y en la toma de decisiones.

13. Según el artículo 15 de la LO 3/2007, el principio de igualdad de trato y oportunidades entre mujeres y hombres informará la actuación de todos los Poderes Públicos, con carácter:

a) General.
b) Transversal.

c) Integral.
d) Global.

14. El artículo 20 de la LO 3/2007 establece una serie de medidas obligatorias a las que se someterán los estudios y estadísticas que elaboren los poderes públicos. ¿Cuál de las siguientes es una de dichas medidas?

a) Excluir sistemáticamente la variable de sexo en las estadísticas, encuestas y recogida de datos que lleven a cabo.
b) Realizar muestras lo suficientemente amplias para evitar que las diversas variables incluidas puedan ser explotadas y analizadas en función de la variable de sexo.
c) Explotar los datos de que disponen de modo que se puedan conocer las diferentes situaciones, condiciones, aspiraciones y necesidades de mujeres y hombres en los diferentes ámbitos de intervención.
d) Establecer e incluir en las operaciones estadísticas nuevos indicadores que posibiliten un mejor conocimiento de las similitudes en los valores, roles, situaciones, condiciones, aspiraciones y necesidades de mujeres y hombres.

15. Conforme al artículo 21 de la LO 3/2007, la Administración General del Estado y las Administraciones de las Comunidades Autónomas cooperarán para integrar el derecho de igualdad entre mujeres y hombres en el ejercicio de sus respectivas competencias y, en especial, en sus actuaciones de:

a) Supervisión.
b) Planificación.
c) Regulación.
d) Dirección.

16. Conforme al artículo 22 de la LO 3/2007, las corporaciones locales, con el fin de avanzar hacia un reparto equitativo de los tiempos entre mujeres y hombres, podrán establecer:

a) Planes Municipales de Empleo con perspectiva de género.
b) Ordenanzas de regulación del tiempo.
c) Ordenanzas o Edictos de representación equilibrada en los tiempos de la ciudad.
d) Planes Municipales de organización del tiempo de la ciudad.

17. Conforme al artículo 26 de la LO 3/2007, los distintos organismos, agencias, entes y demás estructuras de las Administraciones Públicas que de modo directo o indirecto configuren el sistema de gestión cultural, desarrollarán entre otras actuaciones, adoptar iniciativas destinadas a favorecer la promoción específica de las mujeres en la cultura y a combatir su discriminación estructural y/o:

a) Difusa.
b) Generacional.
c) Ambigua.
d) Encubierta.

18. Según el artículo 39 de la LO 3/2007, las Administraciones Públicas promoverán, para contribuir al cumplimiento de la legislación en materia de igualdad entre mujeres y hombres, la adopción por parte de los medios de comunicación de:

a) Planes de Igualdad.
b) Libros de Estilo de Lenguaje no sexista.
c) Acuerdos de Autorregulación.
d) Planes Estratégicos de Igualdad de Oportunidades.

19. En relación con los Planes de Igualdad de las Empresas, es cierto que:

a) Son obligatorios en todas las empresas de más de 10 trabajadores.
b) Se referirán a unidades organizativas dentro de la Empresa, sin perjuicio del establecimiento de acciones especiales adecuadas a la totalidad de la Empresa.
c) Son un conjunto ordenado de medidas, adoptadas después de realizar un diagnóstico de situación.
d) No pueden tratar materias de retribuciones o de organización del tiempo de trabajo.

20. La Disposición Adicional Primera de la LO 3/2007 determina que se entenderá por composición equilibrada la presencia de mujeres y hombres de forma que, en el conjunto al que se refiera, las personas de cada sexo:

a) No superen el 55 % ni sean menos del 45 %.
b) No superen el 70 % ni sean menos del 30 %.
c) No superen el 60 % ni sean menos del 40 %.
d) No superen el 65 % ni sean menos del 35 %.

21. El Capítulo III del Título V de la LO 3/2007 establece una serie de medidas que han de aplicarse obligatoriamente en la Administración General del Estado y en los organismos públicos vinculados o dependientes de ella, para favorecer la igualdad en el empleo público. Entre ellas figura:

a) Siempre que se apruebe la celebración de convocatorias de pruebas selectivas para el acceso al empleo público, sin excepción, se incluirá un informe de impacto de género.
b) En las bases de los concursos para la provisión de puestos de trabajo se computará, a los efectos de valoración del trabajo desarrollado y de los correspondientes méritos, el tiempo que las personas candidatas hayan permanecido en excedencia, reducción de jornada o permisos relacionados con la maternidad.
c) Cuando el período de vacaciones coincida con una incapacidad temporal derivada del embarazo, parto o lactancia natural, o con el permiso de maternidad, o con su ampliación por lactancia, la empleada pública tendrá derecho a disfrutar las vacaciones en fecha distinta, siempre que no haya terminado el año natural al que correspondan.
d) Preferencia por tiempo indefinido, en la adjudicación de plazas para participar en los cursos de formación a quienes se hayan incorporado al servicio activo procedentes del permiso de maternidad o paternidad, o hayan reingresado desde la situación de excedencia por razones de guarda legal y atención a personas mayores dependientes o personas con discapacidad.

22. Según el artículo 60.2. de la LO 3/2007, con el fin de facilitar la promoción profesional de las empleadas públicas y su acceso a puestos directivos en la Administración General del Estado y en los organismos públicos vinculados o dependientes de ella, en las convocatorias de los correspondientes cursos de formación se reservará para su adjudicación a aquellas que reúnan los requisitos establecidos, al menos:

a) Un 40 % de las plazas.
b) Un 50 % de las plazas.
c) Un 60 % de las plazas.
d) Un 75 % de las plazas.

23. Los Capítulos IV y V del Título V de la LO 3/2007 recogen expresamente el respeto que han de tener las normas sobre personal de las Fuerzas Armadas y las normas reguladoras de las Fuerzas y Cuerpos de Seguridad del Estado, al principio de igualdad, impidiendo cualquier situación de discriminación sobre todo en lo referente al sistema de acceso, formación, ascensos, destinos y:

a) Jornada de trabajo.
b) Retribuciones.
c) Vacaciones.
d) Situaciones administrativas.

24. El artículo 69.3 de la LO 3/2007 dispone que serán admisibles las diferencias de trato en el acceso a bienes y servicios cuando estén justificadas por un propósito legítimo y los medios para lograrlo sean:

a) Pactados y formalizados por escrito.
b) Adecuados y necesarios.
c) Temporales y transparentes.
d) Imprescindibles e inevitables.

25. La Comisión contra la Violencia de Género del Consejo Interterritorial del Sistema Nacional de Salud estará compuesta por representantes:

a) De todos los Parlamentos autonómicos.
b) De las asociaciones y organizaciones no gubernamentales cuyo fin sea la prevención y erradicación de la violencia de género.
c) De todas las Comunidades Autónomas con competencia en la materia.
d) De todos los partidos políticos con representación parlamentaria.

26. ¿Qué plazo otorgó la LO 3/2007, a partir de su entrada en vigor, a las sociedades mercantiles obligadas a presentar cuenta de pérdidas y ganancias no abreviada para incluir en su Consejo de administración un número de mujeres que permita alcanzar una presencia equilibrada de mujeres?

a) 1 año.
b) 3 años.

c) 4 años.
d) 8 años.

27. ¿Qué órgano crea la LO 3/2007, en su artículo 78, como órgano colegiado de consulta y asesoramiento, con el fin esencial de servir de cauce para la participación de las mujeres en la consecución efectiva del principio de igualdad de trato y de oportunidades entre mujeres y hombres, y la lucha contra la discriminación por razón de sexo?

a) La Comisión Interministerial de Igualdad entre mujeres y hombres.
b) La Conferencia Sectorial de igualdad entre mujeres y hombres.
c) El Consejo de Participación de la Mujer.
d) El Instituto Nacional de la Mujer.

28. La protección jurídica frente a la violencia de género se articuló a través de:

a) Ley Orgánica 1/2004, de 28 de diciembre.
b) Ley Orgánica 4/2001, de 8 de octubre.
c) Ley Orgánica 2/2008, de 14 de diciembre.
d) Ley Orgánica 10/2002, de 4 de octubre.

29. Según la Ley Orgánica de Medidas de Protección integral contra la Violencia de Género, contribuirá a desarrollar en el alumnado su capacidad para adquirir habilidades en la resolución pacífica de conflictos y para comprender y respetar la igualdad entre sexos:

a) La Educación Infantil.
b) La Educación Primaria.
c) La Educación Secundaria Obligatoria.
d) El Bachillerato.

30. Según la Ley Orgánica de Medidas de Protección integral contra la Violencia de Género, la difusión de informaciones relativas a la violencia sobre la mujer garantizará, con la correspondiente objetividad informativa, la defensa de los derechos humanos, la libertad y dignidad de las mujeres víctimas de violencia y de sus hijos. En particular, se tendrá especial cuidado en:

a) El tratamiento gráfico de las informaciones.
b) La descripción de las vejaciones.
c) Respetar la presunción de inocencia.
d) Preservar la identidad del maltratador.

31. Para garantizar un tratamiento adecuado y eficaz de la situación jurídica, familiar y social de las víctimas de violencia de género en las relaciones intrafamiliares, la Ley Orgánica de Medidas de Protección integral contra la Violencia de Género establece la llamada:

a) Defensa jurídica.
b) Tutela judicial.

c) Justicia gratuita.
d) Fiscalía de la Mujer.

32. ¿A qué órgano corresponde proponer la política del Gobierno en relación con la violencia sobre la mujer y coordinar e impulsar todas las actuaciones que se realicen en dicha materia?

a) Al Observatorio Estatal de Violencia sobre la Mujer.
b) A la Delegación del Gobierno contra la Violencia de Género.
c) Al Consejo de Participación de la Mujer.
d) A la Comisión Interministerial de Igualdad entre Mujeres y Hombres.

33. La Ley Orgánica de Medidas de Protección integral contra la Violencia de Género, determina que desarrollar actividades en la resolución pacífica de conflictos y fomentar el respeto a la dignidad de las personas y a la igualdad entre hombres y mujeres, estará incluido entre los objetivos de:

a) La Educación Secundaria Obligatoria.
b) El Bachillerato y la Formación Profesional.
c) Las Universidades.
d) La enseñanza para las personas adultas.

34. La organización de los servicios sociales de atención, de emergencia, de apoyo y acogida y de recuperación integral por parte de las Comunidades Autónomas y las Corporaciones Locales, para las mujeres víctimas de violencia de género responderá a varios principios recogidos en el artículo 19 de la Ley Orgánica 1/2004. Señala cuál de los siguientes no es correcto:

a) Multidisciplinariedad profesional.
b) Actuación urgente.
c) Atención alterna.
d) Especialización de prestaciones.

35. Las empresas que formalicen contratos de interinidad para sustituir a trabajadoras víctimas de violencia de género que hayan suspendido su contrato de trabajo, tendrán derecho a una bonificación durante todo el período de suspensión de la trabajadora sustituida del siguiente porcentaje de las cuotas empresariales a la Seguridad Social por contingencias comunes:

a) 30 %.
b) 50 %.
c) 60 %.
d) 100 %.

36. A las trabajadoras por cuenta propia víctimas de violencia de género que cesen en su actividad para hacer efectiva su protección o su derecho a la asistencia social integral, se les suspenderá la obligación de cotización durante un período que les será considerado como de cotización efectiva a efectos de las prestaciones de Seguridad Social, de:

a) 6 meses.
b) 9 meses.
c) 1 año.
d) 18 meses.

37. Cuando las víctimas de violencia de género careciesen de rentas superiores, en cómputo mensual, al 75 por 100 del salario mínimo interprofesional, excluida la parte proporcional de dos pagas extraordinarias, recibirán una ayuda de pago único, siempre que se presuma que debido a su edad, falta de preparación general o especializada y circunstancias sociales, la víctima tendrá especiales dificultades para obtener un empleo y por dicha circunstancia no participará en los programas de empleo establecidos para su inserción profesional. El importe de esta ayuda será equivalente:

a) Al de 3 meses de subsidio por desempleo.
b) Al de 6 meses de subsidio por desempleo.
c) Al de 9 meses de subsidio por desempleo.
d) Al de 12 meses de subsidio por desempleo.

38. El que por cualquier medio o procedimiento causare a otro menoscabo psíquico o una lesión no definidos como delito en el Código Penal, o golpeare o maltratare de obra a otro sin causarle lesión, cuando la ofendida sea o haya sido esposa, o mujer que esté o haya estado ligada a él por una análoga relación de afectividad aun sin convivencia, o persona especialmente vulnerable que conviva con el autor, podrá ser castigado con la pena de prisión de:

a) Seis meses a un año.
b) Uno a tres años.
c) Tres a seis años.
d) Al no estar definido como delito no puede ser castigado con pena de prisión.

39. Las ausencias o faltas de puntualidad al trabajo motivadas por la situación física o psicológica derivada de la violencia de género se considerarán:

a) Justificadas, cuando así lo determinen las autoridades judiciales.
b) Justificadas en todo caso.
c) Justificadas, cuando así lo determinen los servicios sociales de atención o servicios de salud, según proceda.
d) Faltas leves.

40. La orden de protección a víctimas de violencia de género:

a) Deberá solicitarse directamente ante la autoridad judicial o el Ministerio Fiscal.

b) Deberá solicitarse ante las Fuerzas y Cuerpos de Seguridad.

c) Podrá solicitarse ante las instituciones asistenciales de titularidad privada.

d) Podrá solicitarse directamente ante la autoridad judicial o el Ministerio Fiscal, o bien ante las Fuerzas y Cuerpos de Seguridad, las oficinas de atención a la víctima o los servicios sociales o instituciones asistenciales dependientes de las Administraciones públicas.

Solución al test n.º 24

1. a) Promover, remover y facilitar.

2. c) Título V.

3. b) Igualdad de trato y de oportunidades entre mujeres y hombres.

4. a) A toda persona, física o jurídica, que se encuentre o actúe en territorio español, cualquiera que fuese su nacionalidad, domicilio o residencia.

5. d) Lo previsto en el artículo 71.2, referente a costes relacionados con el embarazo y el parto en contratos de seguros o servicios financieros.

6. c) Es un principio informador del ordenamiento jurídico.

7. b) La tendencia sexual.

8. a) Discriminación directa.

9. c) Acoso por razón de sexo.

10. b) Nulos y sin efecto.

11. d) Proporcionadas.

12. d) Las candidaturas electorales y en la toma de decisiones.

13. b) Transversal.

14. c) Explotar los datos de que disponen de modo que se puedan conocer las diferentes situaciones, condiciones, aspiraciones y necesidades de mujeres y hombres en los diferentes ámbitos de intervención.

15. b) Planificación.

16. d) Planes Municipales de organización del tiempo de la ciudad.

17. a) Difusa.

18. c) Acuerdos de Autorregulación.

19. c) Son un conjunto ordenado de medidas, adoptadas después de realizar un diagnóstico de situación.

20. c) No superen el 60 % ni sean menos del 40 %.

21. b) En las bases de los concursos para la provisión de puestos de trabajo se computará, a los efectos de valoración del trabajo desarrollado y de los correspondientes méritos, el tiempo que las personas candidatas hayan permanecido en excedencia, reducción de jornada o permisos relacionados con la maternidad.

22. a) Un 40 % de las plazas.

23. d) Situaciones administrativas.

24. b) Adecuados y necesarios.

25. c) De todas las Comunidades Autónomas con competencia en la materia.

26. d) 8 años.

27. c) El Consejo de Participación de la Mujer.

28. a) Ley Orgánica 1/2004, de 28 de diciembre.

29. b) La Educación Primaria.

30. a) El tratamiento gráfico de las informaciones.

31. b) Tutela judicial.

32. b) A la Delegación del Gobierno contra la Violencia de Género.

33. d) La enseñanza para las personas adultas.

34. c) Atención alterna.

35. d) 100 % .

36. a) 6 meses.

37. b) Al de 6 meses de subsidio por desempleo.

38. a) Seis meses a un año.

39. c) Justificadas, cuando así lo determinen los servicios sociales de atención o servicios de salud, según proceda.

40. d) Podrá solicitarse directamente ante la autoridad judicial o el Ministerio Fiscal, o bien ante las Fuerzas y Cuerpos de Seguridad, las oficinas de atención a la víctima o los servicios sociales o instituciones asistenciales dependientes de las Administraciones públicas.

Parte II

TEST N.º 1

Informática básica: conceptos fundamentales sobre el hardware y el software. Sistemas de almacenamiento de datos. Sistemas operativos. Nociones básicas de seguridad informática

1. Indica cuál de los siguientes elementos se considera Hardware Básico:

a) CPU.
b) Tarjeta Wifi.
c) DVD.
d) Ninguna de las anteriores.

2. ¿Cuál de los siguientes elementos se puede considerar como Dispositivo de Entrada/Salida bidireccional?

a) Monitor.
b) Tarjeta de red.
c) Teclado.
d) Impresora.

3. Completar la frase. Los datos .... se obtienen del procesador, tras el procesamiento de los datos de entrada:

a) Salida.
b) Finales.
c) Intermedios.
d) Interiores.

4. El principio en relación a los datos e información en un sistema que indica que todos los datos necesarios para generar la información estén disponibles se denomina:

a) Integridad.
b) Encriptación.
c) Unidad.
d) Ninguna de las anteriores.

5. El CD óptico tiene una capacidad de almacenamiento aproximada de:

a) 4 GB.
b) 1 TB.
c) 4.7 GB.
d) 700 MB.

6. La diferencia fundamental entre un disco duro tradicional y un SSD estriba en que:

a) El SSD es más rápido.
b) El SSD no dispone de cabezales.
c) El disco duro dispone de mayor capacidad de almacenamiento.
d) Todas son correctas.

7. ¿El formato de archivos ext2 es típico de que Sistema Operativo?

a) Windows.
b) Linux.
c) Mac.
d) Ninguna es correcta.

8. ¿Qué unidad de almacenamiento de datos es mayor?

a) TeraByte.
b) KiloByte.
c) MegaByte.
d) GigaByte.

9. El virus que hace cada vez más lento e inoperativo al PC infectado se denomina:

a) Gusano.
b) Troyano.
c) Zombie.
d) Ninguna de las anteriores.

10. ¿Cuál de los siguientes términos NO se refiere a un algoritmo de cifrado?

a) WEP.
b) TKIP.
c) Spam.
d) WPA.

11. ¿Cuál de los siguientes elementos NO es un periférico?

a) Teclado.
b) Ratón.

c) Monitor.
d) Memoria RAM.

12. El tipo de ordenador específicamente diseñado para funcionar 24 horas durante los 7 días de la semana se denomina:

a) Portátil.
b) Servidor.
c) PC.
d) Ninguna de las anteriores.

13. La tecnología de CPU consistente en usar instrucciones simples se denomina:

a) RISC.
b) CISC.
c) DISK.
d) TISK.

14. ¿Qué tipo de memoria se utiliza para albergar la BIOS de un ordenador?

a) RAM.
b) SSD.
c) ROM.
d) Flash.

15. Si la imagen de un monitor muestra colores muy difusos es posible que el problema que tenga es que:

a) Esté imantado.
b) La frecuencia de refresco no es correcta.
c) La resolución no es adecuada.
d) Ninguna de las anteriores.

16. Un signo de que el idioma seleccionado en Windows no es castellano puede ser:

a) Mala resolución de la imagen.
b) Parpadeo de la pantalla.
c) Los caracteres de las teclas no coinciden con el que indican.
d) Ninguna de las anteriores.

17. Los controladores de los dispositivos están englobados dentro de ¿qué tipo de software?

a) De aplicación.
b) De Sistema.
c) De Programación.
d) Ninguna de las anteriores.

18. ¿A qué nos podemos referir al usar las palabras booleano, carácter, entero, natural...?

a) Dispositivos.
b) Tipos de datos.
c) Virus.
d) Programas.

19. El elemento Hardware que impide la entrada de intrusos en la red de datos interna o local se denomina:

a) Antivirus.
b) Escáner.
c) Rúter.
d) Firewall.

20. La acción o suceso que compromete la seguridad del sistema se denomina:

a) Vulnerabilidad.
b) Amenaza.
c) Acceso.
d) Identificación.

21. Un hacker que se introduce en el sistema pero no hace nada se suele denominar:

a) Virus.
b) Gusano.
c) Curioso.
d) Troyano.

22. El acceso no autorizado a sistemas informáticos tiene la denominación de

a) Hacker.
b) Hacking.
c) Firewall.
d) Bumping.

23. El procedimiento para ocultar la información mediante algoritmos se denomina:

a) Cifrado.
b) Encriptado.
c) Enrutado.
d) Ninguna de las anteriores.

24. ¿Cuál o cuáles son las tareas que le corresponden a un administrador de sistemas?

a) Crear usuarios.
b) Crear permisos.
c) Asignar permisos a los usuarios.
d) Todas las anteriores son correctas.

25. A la realización de copias de seguridad periódicas de los datos importantes se le denomina:

a) Volcado.
b) Gestión de datos.
c) BackUp.
d) Programación.

26. La unidad mínima de información en informática se denomina:

a) Byte.
b) Nibble.
c) KiloByte.
d) Bit.

27. Los ordenadores más apropiados para el tratamiento de imágenes debido a sus especificaciones son:

a) MAC.
b) Servidores.
c) Portátiles.
d) Ninguno es correcto.

28. El tipo de memoria que se utiliza cuando el sistema está encendido y para tareas del SO y de los programas de manera que cuando se apaga el PC se borra, se denomina:

a) ROM.
b) RAM.
c) SSD.
d) Disco Duro.

29. El periférico que nos ayuda a interactuar con el Sistema Operativo evitando en algunos casos el uso del teclado se denomina:

a) Monitor.
b) Pantalla.
c) Ratón.
d) Lector tarjetas.

30. ¿Cuál de los siguientes Software es de programación?

a) Controladores dispositivos.
b) Hoja de cálculo.
c) CAD.
d) Compilador.

31. ¿Cuál de las siguientes opciones se considera una arquitectura de ordenador?

a) Hardvard.
b) Windows.
c) Linux.
d) Motherboard.

32. ¿Qué velocidad de transferencia de datos permite la conexión Thunderbolt 3?

a) 10 GB/s.
b) 20 GB/s.
c) 30 GB/s.
d) 40 GB/s.

33. ¿Qué frecuencia de ondas utiliza el Bluetooth?

a) 5 GHz.
b) 2,4 GHz.
c) 10 GHz.
d) 2 MHz.

34. Las impresoras que realizan la impresión por la proyección de tinta desde un cabezal se denominan:

a) Matriciales.
b) Láser.
c) Inyección de tinta.
d) Sublimación.

35. ¿Cuál de los siguientes conectores no es un interfaz de monitor para PC?

a) USB.
b) HDMI.
c) VGA.
d) DVI.

Solución al test n.º 1

1. a) CPU.

2. b) Tarjeta de red.

3. c) Intermedios.

4. a) Integridad.

5. d) 700 MB.

6. d) Todas son correctas.

7. b) Linux.

8. a) TeraByte.

9. a) Gusano.

10. c) Spam.

11. d) Memoria RAM.

12. b) Servidor.

13. a) RISC.

14. c) ROM.

15. a) Esté imantado.

16. c) Los caracteres de las teclas no coinciden con el que indican.

17. b) De Sistema.

18. b) Tipos de datos.

19. d) Firewall.

20. b) Amenaza.

21. c) Curioso.

22. b) Hacking.

23. b) Encriptado.

24. d) Todas las anteriores son correctas.

25. c) BackUp.

26. d) Bit.

27. a) MAC.

28. b) RAM.

29. c) Ratón.

30. d) Compilador.

31. a) Hardvard.

32. d) 40 GB/s.

33. b) 2,4 GHz.

34. c) Inyección de tinta.

35. a) USB.

TEST N.º 2

Introducción al sistema operativo: el entorno de Windows. Fundamentos. Trabajo en el entorno gráfico de Windows: ventanas, iconos, menús contextuales, cuadros de diálogo. El escritorio y sus elementos. El menú inicio

1. ¿Cuál de los siguientes no es un asistente personal de voz?

a) Siri.
b) Google Now.
c) Google Up.
d) Cortana.

2. Los archivos y carpetas borrados se guardan en la carpeta $Recycle.Bin, que está oculta como carpeta o archivo del sistema; ¿dónde está situada?

a) Se ubica en la unidad principal del sistema operativo.
b) En la carpeta \System\Temp\Recicle.
c) Está presente en todas las unidades de disco.
d) En la carpeta \System\Recicle.

3. En Windows 10 el botón restaurar permite:

a) Maximizar, es decir, ampliar el tamaño de la ventana a toda la pantalla.
b) Ampliar el tamaño de la ventana al 50 %.
c) Colocar el tamaño inicial de cuando fue abierta.
d) Volver la pantalla a su estado anterior.

4. En Windows 10, a la leyenda "Recientes, Frecuentes, Tareas o Más visitados" la denominamos:

a) Hello List.
b) Continuum List.
c) Jump List.
d) One List.

5. De los siguientes valores indica cuál no es una versión de Windows 10:

a) Continuum.
a) Home.
b) Enterprise.
c) Education.

6. Con respecto a la tienda de aplicaciones, podemos decir que:

a) Es una novedad.
b) Fue una novedad del Windows 8, pero se ha "relanzado" en el Windows 10.
c) Ha desaparecido en Windows 10.
d) Fue una novedad del Windows Mobile, pero se ha "relanzado" en Windows 10.

7. De las siguientes características, solo una pertenece al centro de actividades de Windows 10:

a) Tiene notificaciones del sistema.
b) Muestra exclusivamente notificaciones de Windows Defender.
c) Se visualiza directamente en la barra de tareas.
d) No muestra avisos del Windows Update.

8. El antivirus incorporado en Windows 10 se denomina Windows Defender pero anteriormente se denominaba:

a) Microsoft Visio.
b) Microsoft Firewall.
c) Microsoft AntiSpyware.
d) Microsoft Security SO.

9. ¿Cuál de las siguientes combinaciones abre la ventana "Ejecutar" en Windows 10?

a) Tecla del logotipo de Windows + F.
b) Tecla del logotipo de Windows + E.
c) Tecla del logotipo de Windows + R.
d) Tecla del logotipo de Windows + L.

10. En Windows 10, si queremos desplegar el panel de "inicio", ¿qué combinación de teclas usaremos?

a) Ctrl + Mayús + A.
b) Ctrl + Barra Espaciadora.
c) Ctrl + Alt + A.
d) Ctrl + Esc.

11. ¿Cuáles son las tres aplicaciones en Windows 10 para el manejo de los archivos multimedia?

a) Fotos, Música y Películas.
b) Fotos, Música y Movies.
c) Cortana, Música y Movies.
d) Fotos, Cortana y Movies.

12. Los iconos del escritorio se activan haciendo doble clic con el ratón o con el dedo en pantallas táctiles y pueden ser de tres tipos:

a) Programas, Carpetas y Accesos directos.
b) Programas, Carpetas y Aplicaciones.
c) Programas, Aplicaciones y Accesos directos.
d) Programas, Aplicaciones y Navegadores.

13. Si al usar la papelera de reciclaje nos encontramos con que no aparece en el escritorio de Windows 10, podremos activarla desde:

a) Configuración > Personalización > Temas > Configuración de iconos de escritorio.
b) Personalización > Configuración > Temas > Configuración de iconos de escritorio.
c) Personalización > Configuración > Iconos > Configuración de iconos de escritorio.
d) Configuración > Personalización > Iconos > Configuración de iconos de escritorio.

14. La combinación de teclas Windows + D:

a) Maximiza la ventana activa.
b) Restaura la ventana activa.
c) Minimiza todas las ventanas abiertas, y despeja el escritorio cuando se pulsa, y las restablecerá a su posición original al volverla a pulsar.
d) Despliega la configuración del sistema.

15. En la siguiente lista, ¿cuál de los siguientes elementos no concuerda con el resto?

a) Edge.
b) Explorer.
c) Chrome.
d) Firewall.

16. ¿Cuál de las siguientes no es una característica de Windows Defender?

a) Analizar capacidades similares a otros productos libres en el mercado e incluir un número de agentes de seguridad en tiempo real que vigilan varias áreas comunes de Windows para los cambios que pueden ser causados por el software espía.
b) Posibilidad de analizar las unidades de disco del sistema para encontrar unidades desfragmentadas que ocasionen lentitud y posibles errores de comunicación entre dispositivos locales y remotos.

c) Incluye la capacidad de eliminar fácilmente aplicaciones ActiveX instaladas en Internet Explorer.

d) Apoyo a la red de SpyNet de Microsoft, permitiéndole a los usuarios informar a Microsoft de posibles ataques de software espía, y que los controladores de dispositivos y aplicaciones pueden instalarse en sus computadores.

17. Microsoft Edge ha sustituido a Internet Explorer en Windows 10. Indica, de las siguientes características, cuál no es una de las que ha traído Edge:

a) Guía de Lectura.
b) Anotaciones en páginas.
c) Navegación virtual y anónima.
d) Vista de Lectura.

18. ¿Cuál de las siguientes aplicaciones de Windows 10 está relacionada con el almacenamiento?

a) Cortana.
b) OneDrive.
c) Edge.
d) Google Drive.

19. Las ventanas donde tenemos que tomar una decisión y escoger una de las opciones que presentan se llaman:

a) Cuadros de Decisión.
b) Cuadros de Diálogo.
c) Cuadros de Pregunta.
d) Cuadros de Elección.

20. Si hablamos de los accesos directos en Windows 10, podemos decir que estos se diferencian de un icono normal en que:

a) Tienen un recuadro blanco con una flecha negra en la parte inferior izquierda.
b) Tienen un recuadro blanco con una flecha negra en la parte superior izquierda.
c) Tienen un recuadro blanco con una flecha negra en la parte inferior derecha.
d) Tienen un recuadro blanco con una flecha negra en la parte superior derecha.

21. ¿Cuál de las siguientes opciones es FALSA con respecto al Administrador de Tareas de Windows 10?

a) El administrador de tareas tiene dos formas de verse el compacto o el detallado.
b) En la pestaña Planificación podemos dar de alta las tareas diarias en un planificador de calendario.

c) En la pestaña Inicio podemos visualizar los programas que se ejecutan al arrancar Windows 10.

d) Una de las funciones principales del administrador de tareas es la de monitorizar el rendimiento de tu ordenador.

22. ¿Cuál no es la función de Windows Update en Windows 10?

a) Administrar la configuración de las actualizaciones de Windows 10.

b) Este módulo puede funcionar, si lo configuramos para que funcione de manera automática.

c) Mantener la fecha y la hora de Windows actualizadas.

d) Sirve para tener todos nuestros drivers actualizados.

23. ¿Cuál es la combinación de teclado que abre el administrador de tareas?

a) Ctrl + Mayús + Tab.

b) Ctrl + Alt + Tab.

c) Ctrl + Mayús + Esc.

d) Ctrl + Alt + Tab.

24. Para abrir propiedades del sistema a través de Ejecutar o Línea de comandos:

a) Pulsamos la tecla de Windows y la de R juntas, y escribimos el comando "systm.cpl" y Enter.

b) Pulsamos la tecla de Windows y la de E juntas, y escribimos el comando "sysdm.cpl" y Enter.

c) Pulsamos la tecla de Windows y la de R juntas, y escribimos el comando "sysdm.cpl" y Enter.

d) Pulsamos la tecla de Windows y la de E juntas, y escribimos el comando "systd.cpl" y Enter.

25. El TPM es:

a) Una unidad de cifrado.

b) Un módulo de cifrado.

c) Un componente de software.

d) Un componente de hardware.

Solución al test n.º 2

1. c) Google Up.

2. c) Está presente en todas las unidades de disco.

3. d) Volver la pantalla a su estado anterior.

4. c) Jump List.

5. a) Continuum.

6. b) Fue una novedad del Windows 8, pero se ha "relanzado" en el Windows 10.

7. a) Tiene notificaciones del sistema.

8. c) Microsoft AntiSpyware.

9. c) Tecla del logotipo de Windows + R.

10. d) Ctrl + Esc.

11. a) Fotos, Música y Películas.

12. a) Programas, Carpetas y Accesos directos.

13. a) Configuración > Personalización > Temas > Configuración de iconos de escritorio.

14. c) Minimiza todas las ventanas abiertas, y despeja el escritorio cuando se pulsa, y las restablecerá a su posición original al volverla a pulsar.

15. d) Firewall.

16. b) Posibilidad de analizar las unidades de disco del sistema para encontrar unidades desfragmentadas que ocasionen lentitud y posibles errores de comunicación entre dispositivos locales y remotos.

17. c) Navegación virtual y anónima.

18. b) OneDrive.

19. b) Cuadros de Diálogo.

20. a) Tienen un recuadro blanco con una flecha negra en la parte inferior izquierda.

21. b) En la pestaña Planificación podemos dar de alta las tareas diarias en un planificador de calendario.

22. c) Mantener la fecha y la hora de Windows actualizadas.

23. c) Ctrl + Mayús + Esc.

24. c) Pulsamos la tecla de Windows +la de R juntas, y escribimos el comando "sysdm. cpl" y Enter.

25. d) Un componente de hardware.

TEST N.º 3

El explorador de Windows. Gestión de carpetas y archivos. Operaciones de búsqueda. Accesorios. Herramientas del sistema

1. Queremos que al seleccionar un archivo de tipo .docx se muestre la información del autor y el número de páginas. Para ello, en el explorador de archivos de Windows, en la pestaña Vista, seleccionamos un tipo de panel. ¿Cuál es el adecuado?

a) Panel de detalles.
b) Panel de navegación.
c) Panel de vista previa.
d) Panel de información.

2. ¿Cuál es la combinación de teclas que hace que se abra una nueva ventana en el explorador de archivos?

a) Ctrl + N.
b) Ctrl + F.
c) Alt + N.
d) Alt + F.

3. ¿Cuál es la acción que realiza en el explorador de archivos la combinación de teclas Alt + Flecha arriba?

a) Ver la carpeta siguiente.
b) Ver la carpeta que contenía la carpeta seleccionada.
c) Ver la carpeta anterior.
d) Abrir el cuadro de diálogo Propiedades del elemento seleccionado.

4. En la frase: "Es posible que hayamos empezado a cortar un archivo y cambiemos de opinión y no queramos moverlo. No pasa nada, pulsamos la tecla _____ para indicar que no vamos a continuar". ¿A qué tecla se refiere?

a) Esc.
b) Tab.
c) Ctrl.
d) Alt + Shift.

5. ¿A cuánto equivalen 762 Kb?

a) 780.831 bits.
b) 780.831 Kbytes.
c) 780.831 Mbytes.
d) 780.831 bytes.

6. ¿Cuál es la combinación de teclas que hace que se seleccione la barra de direcciones en el explorador de archivos?

a) Ctrl + D.
b) Ctrl + F.
c) Alt + D.
d) Alt + E.

7. Desde un punto de restauración, ¿a cuál de los siguientes elementos, instalados después de crear el punto de restauración, no afecta la restauración del sistema Windows?

a) A las aplicaciones.
b) A los archivos personales.
c) A los controladores.
d) A las actualizaciones.

8. ¿Cuál de los siguientes símbolos no pueden usarse en el nombre de un archivo de Windows?

a) \ ?
b) @ ?
c) < $
d) < > &

9. ¿Qué combinación de teclas me permite volver a las carpetas anteriores en el historial del Explorador de archivos de Windows?

a) Alt + Flecha izquierda.
b) Ctrl + S.
c) Windows ⊞ + U.
d) Ctrl + Flecha izquierda.

10. En la opción "Este Equipo" del explorador de Windows, además de las carpetas por defecto, encontraré información de:

a) Conexiones de Red.
b) Unidades de disco.
c) Nuevos Elementos.
d) Carpetas favoritas.

11. En el Explorador de Windows 10:

a) Hay cinta de opciones, caja de direcciones y panel de navegación.
b) Hay cinta de opciones, caja de búsqueda y panel de direcciones.
c) Hay cinta de opciones, caja de navegación y panel de búsqueda.
d) Hay cinta de opciones, caja de búsqueda y panel de navegación.

12. Windows PowerShell:

a) Es la nueva ayuda en Windows 10.
b) Es el nuevo gestor de arranque del sistema.
c) Es una versión mejorada del intérprete de comandos DOS.
d) Es una forma de llamar al sistema operativo MSDos.

13. En Windows 10 queremos refrescar el contenido de la ventana activa. ¿Qué tecla o teclas de acceso rápido utilizaremos?

a) F5.
b) Ctr + X.
c) Alt + F4.
d) Ctrl + Alt + Tab.

14. ¿Cuál de los siguientes son todos modos de captura de la herramienta Recortes?

a) Forma libre, rectangular y circular.
b) Forma libre, ventana y línea.
c) Forma libre, circular y ventana.
d) Forma libre, rectangular y ventana.

15. Se puede retrasar la captura del recorte en la herramienta de Recortes. ¿Cuál es el intervalo de retraso que podemos usar?

a) De 1 a 3.
b) De 1 a 10.
c) De 1 a 5.
d) De 3 a 10.

16. ¿Cuál de los siguientes es un tipo de imagen que se puede abrir con Paint?

a) TIG.
b) JPEG.
c) TIF2.
d) ICA.

17. ¿Cuál de las siguientes no es un accesorio de Windows 10?

a) Notas Rápidas, grabadora de Sonidos y Word.
b) Notas Rápidas, Calculadora y WordPad.
c) Notas Rápidas, grabadora de Vídeos y Calculadora.
d) Notas Rápidas, grabadora de Sonidos y WordPad.

18. A nivel de fichas y secciones, podemos decir que la cinta de opciones del explorador de Windows 10 tiene:

a) Tres fichas y 4 secciones en la ficha Inicio.
b) Tres fichas y 5 secciones en la ficha Vista.
c) Tres fichas y 5 secciones en la ficha Inicio.
d) Dos fichas y 5 secciones en la ficha Inicio.

19. Para seleccionar varios elementos alternativos:

a) Mantenemos pulsada la tecla Shift y hacemos clic sobre los elementos.
b) Hacemos clic en el primero de los elementos y mantenemos pulsada la tecla Shift y hacemos clic sobre el último de los elementos.
c) Mantenemos pulsada la tecla Ctrl y hacemos clic sobre los elementos.
d) Hacemos clic en el primero de los elementos y mantenemos pulsada la tecla Ctrl y hacemos clic sobre el último de los elementos.

20. Para mover una carpeta lo que hacemos es:

a) Cortar y Mover.
b) Copiar y Pegar.
c) Mover y Pegar.
d) Cortar y Pegar.

21. En Windows 10 podemos crear una unidad de Red y para ello usamos la opción de "Conectar a unidad de red"; indica en qué pestaña está la opción:

a) Inicio.
b) Equipo.
c) Vista.
d) Compartir.

22. Podemos decir que la letra "A" en las unidades:

a) Está en desuso y solía ser para disqueteras.
b) Es para unidades extraíbles.
c) Depende de la existencia de unidad B.
d) Para grabadoras de DVD/CD.

23. En Windows 10, ¿los nombres de archivo tienen un máximo permitido?

a) No hay limitación de tamaño.
b) 255 letras.
c) 255 caracteres.
d) 255 bits.

24. En Windows 10 queremos mostrar el cuadro de diálogo de las propiedades del elemento seleccionado. ¿Qué tecla o teclas de acceso rápido utilizaremos?

a) Alt + Tab.
b) Ctrl + Enter.
c) Alt + Enter.
d) Ctrl + Alt + Tab.

25. Si queremos abrir una ventana nueva del Explorador de Windows sin tener en cuenta que haya otras abiertas, ¿qué combinación de teclas se usa?

a) Ctrl + L.
b) Mayus + E.
c) Windows ⊞ + L.
d) Windows ⊞ + E.

26. En Windows 10 queremos ver alguna información sobre el computador, como el nombre del PC, la edición de Windows instalada, o la cantidad de RAM instalada. Dentro de la configuración sistema, ¿qué opción elegiremos?

a) Aplicaciones y Características.
b) Almacenamiento.
d) Notificaciones y Acciones.
c) Acerca de…

27. Los dispositivos que se conectan mediante las entradas que permiten los conectores USB, necesitan, antes de retirarlos del equipo, cerrar todos los procesos que tienen acceso a sus archivos. Para la extracción segura de dispositivos USB se usa la función de:

a) Extracción segura.
b) Extracción USB.
c) Desconexión segura.
d) Desconexión USB.

28. En Windows 10 tenemos una aplicación muy sencilla de configurar que tiene por gran virtud simplificar el trabajo con el escáner físico tradicional, ya que permite escanear y enviar imágenes de documentos a otro fax o a una dirección de correo electrónico. ¿Cuál es su nombre?

a) Impresoras y escáneres.
b) Windows Fax.

c) Windows Scanner.
d) Fax y Escáner.

29. ¿Por qué cantidad de bits está formado un byte?

a) Por 16.
b) Por 8.
c) Por 2.
d) Por 32.

30. ¿Qué unidad de medida sería la más correcta para referirnos a discos duros considerados "grandes"?

a) Petabyte.
b) Terabyte.
c) Megabyte.
d) Kilobyte.

31. ¿Cuál de las siguientes opciones indica una menor cantidad de bytes?

a) 1 Kilobyte (KB).
b) 1 Terabyte (TB).
c) 1 Exabyte (EB).
d) 1 Petabyte (PB).

32. ¿Cuál de las siguientes opciones no es una opción correcta que aparecen en la consulta avanzada de la Fecha de modificación?

a) Esta semana.
b) Este mes.
c) Ayer.
d) Año actual.

33. ¿Cuál de las siguientes afirmaciones referidas a un acceso directo de Windows es verdadera?

a) Es posible crear accesos directos a ficheros, que se abren utilizando el programa asociado a su extensión, pero no es posible crear accesos directos a carpetas.

b) Es posible crear accesos directos a carpetas y ficheros. Si el enlace es a un fichero, se abrirá utilizando el programa asociado a su extensión.

c) Es posible crear accesos directos a carpetas en local y en OneDrive, pero no a ficheros de ningún tipo.

d) Es posible crear accesos directos a carpetas y ficheros pero, en el caso de los ficheros, no se ejecuta la aplicación asociada a su extensión, sino que se abren en el Explorador de archivos.

34. Desde el Explorador de archivos de Windows 10 abrimos las propiedades de un elemento. ¿En qué pestaña visualizamos los permisos de usuario sobre el objeto?

a) Detalles
b) General.
c) Seguridad.
d) Versiones anteriores.

35. ¿Cuál de las siguientes opciones no es una opción correcta que aparecen en la consulta avanzada de Tamaño?

a) Vacío.
b) Minúsculo.
c) Muy Grande.
d) Enorme.

Solución al test n.º 3

1. a) Panel de detalles.

2. a) Ctrl + N.

3. b) Ver la carpeta que contenía la carpeta seleccionada.

4. a) Esc.

5. d) 780.831 bytes.

6. c) Alt + D.

7. b) A los archivos personales.

8. a) \ ?

9. a) Alt + Flecha izquierda.

10. b) Unidades de disco.

11. d) Hay cinta de opciones, caja de búsqueda y panel de navegación.

12. c) Es una versión mejorada del intérprete de comandos DOS.

13. a) F5.

14. d) Forma libre, rectangular y ventana.

15. c) De 1 a 5.

16. b) JPEG.

17. a) Notas Rápidas, grabadora de Sonidos y Word.

18. c) Tres fichas y 5 secciones en la ficha Inicio.

19. c) Mantenemos pulsada la tecla Ctrl y hacemos clic sobre los elementos.

20. d) Cortar y Pegar.

21. b) Equipo

22. a) Está en desuso y solía ser para disqueteras.

23. c) 255 caracteres.

24. c) Alt + Enter.

25. d) Windows ⊞ + E.

26. c) Acerca de…

27. c) Desconexión segura.

28. d) Fax y escáner.

29. b) Por 8.

30. b) Terabyte.

31. a) 1 Kilobyte (KB).

32. d) Año actual.

33. b) Es posible crear accesos directos a carpetas y ficheros. Si el enlace es a un fichero, se abrirá utilizando el programa asociado a su extensión.

34. c) Seguridad.

35. c) Muy Grande.

TEST N.º 4

Procesadores de texto: Word. Principales funciones y utilidades. Creación y estructuración del documento. Gestión, grabación, recuperación e impresión de ficheros. Personalización del entorno de trabajo

1. ¿En qué ficha y grupo está la opción para utilizar las tabulaciones?

a) Insertar / Tabulaciones.
b) Inicio / Párrafo/ botón cuadro dialogo Párrafo.
c) Inicio / Formato / Tabulaciones.
d) Inicio / Tabulaciones.

2. En Word, ¿cuál es la diferencia entre pulsar INTRO y pulsar las teclas Mayúsculas + INTRO?

a) Intro indica párrafo nuevo, y Mayúsculas + Intro, indica salto de línea.
b) No hay diferencias para Word.
c) Intro indica párrafo nuevo, y Mayúsculas + Intro, indica salto de sección.
d) Intro indica salto de línea nuevo, y Mayúsculas + Intro, indica salto de sección.

3. El método más rápido para acceder a las opciones de la cinta de opciones de Word 2016 es hacer un clic con el ratón sobre ellas; si queremos acceder a las distintas opciones de los paneles y menús a partir del teclado, podemos pulsar la tecla:

a) F1.
b) Shift.
c) Ctrl.
d) Alt.

4. ¿Qué combinación de teclas divide la ventana de un documento?

a) Alt + Ctrl + R.
b) Alt + Ctrl + V.
c) Alt + Ctrl + I.
d) Alt + Ctrl + D.

5. ¿Cuál es la definición de tabulación de barra?

a) Alinea el texto tabulado del lado derecho.

b) Alinea los números decimales.

c) Dibuja una línea vertical en el documento.

d) Te permite insertar un marcador de sangría en la regla horizontal para alinear la primera línea de los párrafos del texto.

6. En la lista desplegable de Escala, ¿se puede expandir o comprimir el texto entre qué porcentajes?

a) 1 a 1000.

b) 1 a 600.

c) 1 a 450.

d) Ninguna es correcta.

7. La alineación es un comando de Word 2016 que afecta a:

a) La selección de texto.

b) La dirección del texto.

c) Ambas son correctas.

d) Ninguna es correcta.

8. En un proceso de combinar correspondencia de Word 2016 necesitamos:

a) Una base de datos u origen de datos.

b) Un formulario de entrada de campos.

c) Ambas son correctas.

d) Ninguna es correcta.

9. Un estilo de Word 2016 es un conjunto de características de formato:

a) Que se puede aplicar al texto de un documento.

b) Que se puede aplicar a la imagen de un documento.

c) Ambas son correctas.

d) Ninguna es correcta.

10. La combinación de teclas para la alineación centrada es:

a) CTRL + T.

b) CTRL + Q.

c) CTRL + J.

d) CTRL+ALT+C.

11. El interlineado se puede definir como:

a) El espacio que hay entre los párrafos de un documento.

b) El espacio que hay entre los caracteres de un párrafo.

c) El espacio que hay entre los párrafos seleccionados.

d) El espacio que hay entre una y otra línea de un mismo párrafo.

12. El botón Borrar Formato:

a) Borra todo el formato de la selección.

b) Deja el texto sin formato y lo elimina.

c) Funciona haciendo doble clic.

d) Ese botón existe en Excel pero no en Word.

13. Los sangrados en Word 2016:

a) Definen el límite izquierdo de los párrafos de un documento, pero no el derecho.

b) Definen el límite derecho de los párrafos de un documento, pero no el izquierdo.

c) Definen el límite izquierdo y el límite derecho de los párrafos de un documento.

d) Definen el límite izquierdo de los párrafos de un documento y el estado de la primera línea de cada uno, pero no el derecho.

14. La sangría francesa:

a) Controla el límite izquierdo de todas las líneas del párrafo menos la segunda.

b) Controla el límite izquierdo de todas las líneas del párrafo menos la última.

c) Controla el límite izquierdo de todas las líneas del párrafo menos la primera.

d) Controla el límite derecho de todas las líneas del párrafo menos la segunda.

15. Para disminuir un nivel en una lista Multinivel de Word 2016 pulsamos:

a) Mayúsculas + Control.

b) Mayúsculas + Ins.

c) Mayúsculas + L.

d) Ninguna es correcta.

16. ¿Cuántas listas desplegables hay en el cuadro de diálogo de Fuente?

a) 4.

b) 3.

c) 6.

d) 5.

17. La carta modelo en un proceso de combinar correspondencia de Word 2016:

a) Tendrá la tabla de datos para combinar.

b) No tendrá los campos de combinación.

c) Incluirá el texto que no varía.

d) Tendrá tantas hojas como datos se combinen.

18. En un proceso de combinar correspondencia de Word 2016 se usan:

a) Cartas y Sobres.
b) Mensajes de correo electrónico.
c) Ambas son correctas.
d) Ninguna es correcta.

19. Un estilo de Word 2016 puede ser:

a) De párrafo, carácter, imagen y tabla.
b) De párrafo, carácter, imagen y lista.
c) De párrafo, carácter, lista y tabla.
d) Ninguna es correcta.

20. La biblioteca de viñetas es:

a) El conjunto de viñetas usadas en el documento actual.
b) El conjunto de viñetas disponibles para usar.
c) El conjunto de viñetas de tipo párrafo.
d) Ninguna es correcta.

21. ¿Cuál de las siguientes no es una alineación válida de una tabla en Word 2016?

a) Ajustar a la izquierda.
b) Ajustar a la derecha.
c) Ajustar al centro.
d) Derecha.

22. ¿Cuál es la combinación de teclas en Word 2016 que sirve para moverse una celda a la izquierda de la actual?

a) Alt + TAB.
b) Flecha izquierda.
c) TAB.
d) Mayúsc + TAB.

23. ¿Cuál de las siguientes afirmaciones es correcta en Word 2016?

a) El botón *Combinar celdas* solo estará activo si hay más de una celda seleccionada en la tabla.
b) El botón *Combinar celdas* solo estará activo si hay una celda seleccionada en la tabla.
c) El botón *Combinar celdas* sólo estará activo si hay menos de cinco celdas seleccionadas en la tabla.
d) El botón *Combinar celdas* solo estará activo si hay más de tres celdas seleccionada en la tabla.

24. Si estando situados en la última celda de la segunda fila de una tabla de Word 2016 pulsamos la tecla TAB, ¿qué sucederá?

a) Si no estamos en la última fila, se creará una nueva fila.
b) Se desplazará a la celda siguiente siempre que no estemos en la penúltima columna.
c) Si es la última fila creará una nueva fila.
d) Se desplazará a la celda anterior.

25. ¿Cuál de los siguientes valores es un tipo correcto para usar en una columna de Word 2016?

a) Párrafo.
b) Fecha/Hora.
c) Número.
d) Booleano.

26. ¿Cuántas opciones de cambio de dirección de texto tenemos en Word 2016?

a) 2.
b) 4.
c) 5.
d) 3.

27. Si tenemos el siguiente texto "CARLOS,TOJEIRO,ALCALÁ,20,47 €,CALLE REAL 25,15002,A CORUÑA" y usamos la utilidad de convertir texto en tabla, con separador de ",", ¿cuántas columnas y filas nos ofrecerá por defecto?

a) 8 columnas y 1 fila.
b) 1 columna y 8 filas.
c) 7 columnas y 1 fila.
d) 1 columna y 7 filas.

28. La extensión de la plantilla por defecto en Word 2016 es:

a) dotx
b) dotm
c) docx
d) dot

29. La combinación de teclas que crea un salto de línea manual es:

a) Control + Enter.
b) Mayúsculas + Enter.
c) Alt + Enter.
d) Control + Alt + Enter.

30. ¿Cuál de las siguientes es un ajuste válido del texto con respecto a una tabla en Word 2016?

a) Alrededor.
b) Estrecho.
c) En línea con el texto.
d) Cuadrado.

Solución al test n.º 4

1. b) Inicio / Párrafo/ botón cuadro diálogo Párrafo.

2. a) Intro indica párrafo nuevo, y Mayúsculas + Intro indica salto de línea.

3. d) ALT.

4. b) Alt + Ctrl + V.

5. c) Dibuja una línea vertical en el documento.

6. b) 1 a 600.

7. d) Ninguna es correcta.

8. a) Una base de datos u origen de datos.

9. a) Que se puede aplicar al texto de un documento.

10. a) CTRL + T.

11. d) El espacio que hay entre una y otra línea de un mismo párrafo.

12. a) Borra todo el formato de la selección.

13. c) Definen el límite izquierdo y el límite derecho de los párrafos de un documento.

14. c) Controla el límite izquierdo de todas las líneas del párrafo menos la primera.

15. d) Ninguna es correcta.

16. b) 3.

17. c) Incluirá el texto que no varía.

18. c) Ambas son correctas.

19. c) De párrafo, carácter, lista y tabla.

20. b) El conjunto de viñetas disponibles para usar.

21. b) Ajustar a la derecha.

22. d) Mayúsc + TAB.

23. a) El botón *Combinar celdas* solo estará activo si hay más de una celda seleccionada en la tabla.

24. c) Si es la última fila creará una nueva fila.

25. c) Número.

26. d) 3.

27. a) 8 columnas y 1 fila.

28. b) dotm

29. b) Mayúsculas + Enter.

30. a) Alrededor.

TEST N.º 5

Hojas de cálculo: Excel. Principales funciones y utilidades. Libros, hojas y celdas. Configuración. Introducción y edición de datos. Fórmulas y funciones. Gráficos. Gestión de Datos. Personalización del entorno de trabajo

1. Si queremos eliminar un comentario que tiene una celda de Excel 2016, ¿a qué ficha tenemos que acceder?

a) Revisar.
b) Comentarios.
c) Datos.
d) Programador.

2. Las constantes de Excel 2016 pueden ser valores:

a) Numéricos y de tipo texto.
b) Horas y Fechas.
c) Numéricos, de texto, horas y fechas.
d) Numéricos, de texto, horas y fechas y booleanos.

3. Si en una celda aparecen símbolos de sostenido (#####):

a) Está en notación científica negativa.
b) Es un valor de texto incorrecto.
c) El valor no cabe en la altura de la celda.
d) El valor no cabe en la anchura de la celda.

4. De manera predeterminada, Excel 2016:

a) Muestra 1 hoja de cálculo.
b) Muestra 5 hojas de cálculo.
c) Muestra 10 hojas de cálculo.
d) Es un valor configurable.

5. La opción de ocultar Hoja de Excel 2016 podemos encontrarla en:

a) El botón de lista *Insertar*.
b) El botón de lista *Hoja*.
c) El botón de lista *Formato*.
d) El botón de lista *Eliminar*.

6. La etiqueta de la hoja de cálculo se colorea totalmente cuando:

a) Estás en una hoja distinta.
b) Estás en la propia hoja.
c) Siempre esta coloreada.
d) Si la hoja no está totalmente vacía.

7. En la ficha de Diseño de Página, en el grupo *Configurar Página*, podemos:

a) Definir los márgenes de la hoja.
b) Definir los saltos de página.
c) Definir los márgenes y los saltos de página.
d) Definir los márgenes, los saltos de página pero no el centrado de las páginas.

8. La escala de ajuste de la hoja de cálculo, tiene un valor máximo de:

a) 100 %.
b) 400 %.
c) 250 %.
d) 150 %.

9. Un encabezado en Excel 2016 es la parte de la Hoja que está:

a) Entre el borde inferior y el margen superior.
b) Entre el borde inferior y el margen inferior.
c) Entre el borde superior y el margen superior.
d) Entre el borde superior y el margen inferior.

10. El código #N/A es:

a) Error de acceso a la celda.
b) Fórmula matricial.
c) Error de celda.
d) División por 0.

11. Las funciones de Excel 2016 son:

a) Fórmulas predefinidas.
b) Cálculos predefinidos.
c) Argumentos predefinidos.
d) Macros.

12. La función "=SUMA(A1 ; A8 ; A10)":

a) Suma todas las celdas desde la A1 a la A8 y además la A10.
b) Suma todas las celdas desde la A1 a la A10 menos la A8.
c) Suma todas las celdas desde la A1 a la A8 y el resultado lo coloca en la A10.
d) Suma las celdas A1, A8 y la A10.

13. La función "=SUMA(A1 ; 3 ; A8)":

a) Suma 3 veces la celda A1 y la A8.
b) Suma la celda A1 y 3 veces la celda A8.
c) No es una formula correcta.
d) Suma la celda A1, una constante de 3 y la celda A8.

14. La función RESIDUO:

a) Calcula el interés residual de un préstamo.
b) Devuelve el resto de una división.
c) Calcula la parte entera de una división.
d) No es una función correcta, sería RESTO.

15. La función" =REDONDEAR (B3 ; -2)":

a) Dará un error como resultado.
b) Redondea el valor B3 al valor más cercano a "-2".
c) Redondea el valor B3 y le resta "2".
d) Dependerá del valor de B3.

16. Un gráfico en Excel 2016 puede tener:

a) Eje X.
b) Eje X, Eje Y.
c) Eje X, Eje Y, Eje Z.
d) Eje X y Eje Z.

17. El eje de valores de un gráfico en columnas:

a) Puede ser el eje vertical.
b) Puede ser el eje horizontal.
c) Puede ser el eje vertical u horizontal.
d) Un gráfico de columnas no tiene eje de valores.

18. Si en los rótulos de la lista aparecen botones de lista desplegable es porque:

a) Se ha realizado una ordenación personalizada.
b) Se ha realizado un Filtrado.

c) Se ha realizado un Subtotal.

d) Se ha realizado un Filtro Avanzado.

19. Los datos de una lista de una hoja de cálculo se ordenan:

a) Alfabéticamente.

b) Personalizadamente.

c) Puede ser Alfabéticamente o Personalizadamente.

d) Por la fila de las celdas afectadas.

20. El área de trazado de un gráfico:

a) Es el área total ocupada por el gráfico.

b) Es el área que ocupa la representación de las series de datos.

c) Es el área que ocupan el título y la leyenda del gráfico.

d) Es el área que ocupa la leyenda y los rótulos de datos.

Solución al test n.º 5

1. a) Revisar.

2. c) Numéricos, de texto, horas y fechas.

3. d) El valor no cabe en la anchura de la celda.

4. d) Es un valor configurable.

5. c) El botón de lista Formato.

6. a) Estás en una hoja distinta.

7. c) Definir los márgenes y los saltos de página.

8. b) 400 %.

9. c) Entre el borde superior y el margen superior.

10. c) Error de celda.

11. a) Fórmulas predefinidas.

12. d) Suma las celdas A1, A8 y la A10.

13. d) Suma la celda A1, una constante de 3 y la celda A8.

14. b) Devuelve el resto de una división.

15. d) Dependerá del valor de B3.

16. c) Eje X, Eje Y, Eje Z.

17. c) Puede ser el eje vertical u horizontal.

18. b) Se ha realizado un Filtrado.

19. c) Puede ser Alfabéticamente o Personalizadamente.

20. b) Es el área que ocupa la representación de las series de datos.

TEST N.º 6

Bases de datos: Access. Principales funciones y utilidades. Tablas. Consultas. Formularios. Informes. Relaciones. Importación, vinculación y exportación de datos

1. La extensión de una BBDD nueva en Access 2016 es:

a) Acddb.
b) Accdb.
c) Acdbb.
d) Ninguna es correcta.

2. Los nombres de los campos de Access 2016 tienen una longitud máxima de:

a) 128 caracteres.
b) 64 caracteres.
c) 256 caracteres.
d) Ninguna es correcta.

3. Los campos de tipo texto Corto tienen una longitud máxima de:

a) 1.024 caracteres.
b) 255 caracteres.
c) 512 caracteres.
d) Ninguna es correcta.

4. Los campos de tipo Sí / No, pueden contener además de esos valores:

a) Verdadero / Falso.
b) Activado / Desactivado.
c) Ambas son correctas.
d) Ninguna es correcta.

5. Los campos de tipo Texto Largo tienen una longitud de:

a) 32.000 caracteres.
b) 16.000 caracteres.

c) 52.000 caracteres.
d) Ninguna es correcta.

6. ¿Cuál no es un tipo de dato en el Access 2016?

a) Calculado.
b) Hipervínculo.
c) Objeto OLE.
d) Ninguna es correcta.

7. En el tipo de relación "Uno a Varios":

a) Cada registro de la tabla principal, tiene más de un registro enlazado en la tabla relacionada.
b) Cada registro de la tabla principal, puede tener más de un registro enlazado en la tabla relacionada.
c) Cada registro de la tabla relacionada, tiene más de un registro enlazado en la tabla principal.
d) Ninguna es correcta.

8. La integridad referencial es:

a) Un conjunto de reglas.
b) Un conjunto de relaciones.
c) Ambas son correctas.
d) Ninguna es correcta.

9. Al modificar relaciones Uno a Varios podemos:

a) Actualizar en cascada campos relacionados.
b) Eliminar en cascada registros relacionados.
c) Ambas son correctas.
d) Ninguna es correcta.

10. Se utilizan consultas para:

a) Solamente para buscar datos y analizarlos.
b) Ver, modificar y analizar datos de formas diferentes.
c) Ver, modificar y eliminar datos de formas diferentes.
d) Ninguna es correcta.

11. Las consultas de acción son aquellas que:

a) Solo muestran los datos.
b) Solo realizan acciones sobre los datos.

c) Ambas son correctas.
d) Ninguna es correcta.

12. En la vista "Hoja de datos de la consulta" podemos:

a) Ver los datos resultantes.
b) Modificar los datos resultantes.
c) Ambas son correctas.
d) Ninguna es correcta.

13. En el título de la ventana de diseño de consultas vemos:

a) El tipo de consulta que es.
b) El nombre de la consulta.
c) Ambas son correctas.
d) Ninguna es correcta.

14. La fila "O" de las consultas se denominan:

a) Filas de criterios.
b) Filas de condiciones.
c) Ambas son correctas.
d) Ninguna es correcta.

15. Un formulario es una ventana que nos permitirá:

a) Cubrir y modificar datos de Access.
b) Cambiar el diseño del propio formulario.
c) Ambas son correctas.
d) Ninguna es correcta.

16. Un formulario en Columnas muestra:

a) Cada registro se muestra en una página distinta, con los datos distribuidos en columnas.
b) Cada registro se muestra en una página distinta, con los datos distribuidos en Hojas de datos.
c) Cada registro se muestra en una página distinta, con los datos tabulados.
d) Ninguna es correcta.

17. Los informes son:

a) Muy parecidos a las tablas.
b) Muy parecidos a los formularios.
c) Ambas son correctas.
d) Ninguna es correcta.

18. En un informe podemos:

a) Modificar y actualizar datos de las tablas.
b) Insertar y eliminar datos de las tablas.
c) Se ha realizado un Subtotal.
d) Ninguna es correcta.

19. En un informe tabular se muestran los campos:

a) En una fila horizontal con etiquetas de campo en la parte superior del informe.
b) En una fila horizontal con etiquetas de campo en la parte inferior del informe.
c) En una fila horizontal con etiquetas de campo en la parte central del informe.
d) Ninguna es correcta.

20. Los autoinformes son:

a) Asistentes que crean un informe a partir de una tabla.
b) Asistentes que crean un informe a partir de una consulta.
c) Ambas son correctas.
d) Ninguna es correcta.

Solución al test n.º 6

1. b) Accdb.

2. b) 64 caracteres.

3. b) 255 caracteres.

4. c) Ambas son correctas.

5. d) Ninguna es correcta.

6. d) Ninguna es correcta.

7. b) Cada registro de la tabla principal, puede tener más de un registro enlazado en la tabla relacionada.

8. a) Un conjunto de reglas.

9. c) Ambas son correctas.

10. b) Ver, modificar y analizar datos de formas diferentes.

11. d) Ninguna es correcta.

12. c) Ambas son correctas.

13. c) Ambas son correctas.

14. c) Ambas son correctas.

15. a) Cubrir y modificar datos de Access.

16. a) Cada registro se muestra en una página distinta, con los datos distribuidos en columnas.

17. b) Muy parecidos a los formularios.

18. d) Ninguna es correcta.

19. a) En una fila horizontal con etiquetas de campo en la parte superior del informe.

20. c) Ambas son correctas.

TEST N.º 7

Correo electrónico (Referido a Outlook): conceptos elementales y funcionamiento. El entorno de trabajo. Enviar, recibir, responder y reenviar mensajes. Creación de mensajes. Reglas de mensaje. Libreta de direcciones

1. Di cuáles son direcciones de correo válidas:

a) persona@proveedorcom
b) www.proveedor.com
c) persona.proveedor.com
d) cta@cts.es.

2. La parte de la izquierda de una dirección de correo electrónico se denomina:

a) Dominio.
b) Organización.
c) Dominio de organización.
d) Nombre de Usuario.

3. ¿Cuál de los siguientes no es un proveedor de correo?

a) Yahhoo.
b) Hotmail.
c) msn.
d) Gmail.

4. Los clientes de correo POP:

a) Tienen que estar conectados todo el tiempo.
b) Los mensajes se descargan de golpe si están disponibles.
c) Los mensajes se descargan parcialmente aun sin estar disponibles.
d) Tienen que estar conectados a intervalos de 15'.

5. ¿Qué es un Hoax?

a) Un Bulo o Noticia falsa.
b) Suplantación de identidad.

c) Un virus.
d) Un error de configuración en el navegador.

6. El protocolo SMTP:

a) Permite recibir mensajes.
b) Permite enviar mensajes.
c) Permite enviar y recibir mensajes.
d) No es un protocolo.

7. Cuando un usuario envía un correo:

a) El mensaje se dirige primero hasta el buzón de correo de su proveedor de internet.
b) El mensaje se dirige primero hasta el buzón de correo del proveedor de internet del destinatario.
c) El mensaje se dirige primero hasta el buzón de correo del proveedor de internet del destinatario si es de tipo POP.
d) El mensaje se dirige primero hasta el buzón de correo del proveedor de internet del destinatario si es de tipo SMTP.

8. En Microsoft Outlook 2016 se pueden configurar:

a) Correos gratuitos.
b) Correos de proveedor de pago.
c) Tanto correos gratuitos como de proveedores de pago.
d) Correos de proveedor de pago, pero con licencia empresarial.

9. En la opción de *Calendario*, ¿cuál no es una vista válida?

a) Anual.
b) Semana.
c) Mes.
d) Semana laboral.

10. La carpeta de correo no deseado o Spam contiene:

a) Correos recibidos con origen desconocido.
b) Correos enviados con destino sospechoso.
c) Correos recibidos o enviados con origen desconocido.
d) Correos enviados con destino sospechoso de los últimos 30 días.

11. Al pulsar la opción de imprimir de la ficha archivo, en Outlook 2016, podemos elegir en la configuración entre "tabla" o "memorando"; ¿qué diferencia existe entre ambas opciones?

a) *Tabla* imprime la lista de correos y *Memorando* el correo seleccionado.
b) *Tabla* imprime el correo seleccionado y *Memorando* la lista de correos.

c) *Tabla* imprime el correo seleccionado y *Memorando* permite modificar la configuración de la impresión.

d) *Tabla* imprime el correo seleccionado en formato tabular y *Memorando* solo el asunto.

12. La opción "Responder a todos":

a) Responde al remitente y a los usuarios de la lista de contactos seleccionados previamente.

b) Responde al remitente y al resto de usuarios que estén en el mensaje.

c) Responde al remitente y solo a los usuarios del mensaje que estén en el CC.

d) Responde al remitente y solo a los usuarios del mensaje que estén en el "Para".

13. Los destinatarios del campo CC:

a) No son visibles para los del campo CCO.

b) Solo son visibles para los del campo PARA.

c) Solo son visibles para los del campo CC.

d) Son visibles para todos los destinatarios.

14. Las prioridades del mensaje pueden tener prioridad:

a) Alta y Media.

b) Alta, Media y Baja.

c) Alta y Baja.

d) Alta, Media y Normal.

15. La parte del entorno que permite ver una vista previa del correo seleccionado se llama:

a) Panel de lectura.

b) Visor de lectura.

c) Vista de lectura.

d) Panel de Vista.

16. Al reenviar un mensaje en el asunto aparecerá:

a) RE:

b) RW:

c) RS:

d) RV.

17. ¿Cuál de las siguientes opciones no es configurable en las Tareas de Outlook 2016?

a) Periodicidad.

b) Aviso.

c) Importancia alta.
d) Día completo.

18. Las reglas pueden aplicarse a:

a) Solo para mensajes que se reciban.
b) Solo para mensajes que se envían.
c) Para mensajes que se envían o reciben.
d) Solo para mensajes que se envían de un determinado remitente.

19. La extensión de los archivos de archivado de mensajes es:

a) PST.
b) PTS.
c) PAT.
d) ICS.

20. Actualmente la capacidad de una cuenta de Gmail es de:

a) 15 Gb.
b) 15 Mb.
c) 20 Gb.
d) 20 Mb.

Solución al test n.º 7

1. d) cta@cts.es.

2. d) Nombre de Usuario.

3. a) Yahhoo.

4. b) Los mensajes se descargan de golpe si están disponibles.

5. a) Un Bulo o Noticia falsa.

6. b) Permite enviar mensajes.

7. a) El mensaje se dirige primero hasta el buzón de correo de su proveedor de internet.

8. c) Tanto correos gratuitos como de proveedores de pago.

9. a) Anual.

10. a) Correos recibidos con origen desconocido.

11. a) Tabla imprime la lista de correos y Memorando el correo seleccionado.

12. b) Responde al remitente y al resto de usuarios que estén en el mensaje.

13. d) Son visibles para todos los destinatarios.

14. c) Alta y Baja.

15. a) Panel de lectura.

16. d) RV.

17. d) Día Completo.

18. c) Para mensajes que se envían o reciben.

19. a) PST.

20. a) 15 Gb.

TEST N.º 8

**La Red Internet: origen, evolución y estado actual.
Conceptos elementales sobre protocolos y servicios en Internet.
Funcionalidades básicas de los navegadores web**

1. ¿Qué afirmación es correcta al respecto de Internet?

a) Internet es una red de ordenadores centralizada.
b) Internet es una red de ordenadores descentralizada.
c) Internet es un conjunto de ordenadores sin relación de ningún tipo.
d) Ninguna de las anteriores.

2. ¿Cuándo apareció el primer navegador Web?

a) En 1980.
b) En 1989.
c) En 1990.
d) En 1999.

3. La publicidad en la red de Internet se conoce como:

a) Banner.
b) Pop-Ups.
c) Chats.
d) Cookies.

4. ¿Cómo se denomina a la red local de datos?

a) WAN.
b) UMTS.
c) WiFi.
d) LAN.

5. ¿Cuál de los siguientes términos no está relacionado con protocolos de Internet?

a) TCP/IP.
b) HTTP.
c) Java.
d) FTP.

6. El lugar donde se ofrecen páginas de Internet para ser consultadas se denomina:

a) Proxy.
b) Server.
c) Gateway.
d) Rúter.

7. Para convertir un nombre de dominio en una dirección IP pública a la que poder acceder se hace uso de:

a) DNS.
b) NDS.
c) SDN.
d) Gateway.

8. Para proteger nuestro PC de accesos indeseados, se puede hacer uso de:

a) Gateway.
b) Router.
c) Firewall.
d) Ninguna de las respuestas anteriores es correcta.

9. ¿Cuál es una de las particularidades del protocolo TCP/IP?

a) Es un protocolo específico para dispositivos móviles.
b) No permite detectar paquetes perdidos.
c) Permite identificar paquetes no recibidos y solicitarlos de nuevo.
d) Ninguna de las anteriores.

10. ¿Qué pretenden los operadores con el uso del CG-NAT?

a) Usar una misma IP pública para varios usuarios.
b) Aumentar la velocidad de las conexiones.
c) Generar más tráfico en la red.
d) Ninguna de las anteriores.

11. Indica cuál de las siguientes direcciones IP es errónea:

a) 192.168.2.1
b) 192.256.2.5

c) 80.52.63.5
d) 123.2.1.1

12. Indica cuál de las siguientes opciones no es un navegador de Internet:

a) Edge.
b) Chrome.
c) Safari.
d) Filezilla.

13. Para ver el histórico de navegación en Edge, podemos hacer uso de la combinación de teclas:

a) Ctrl + Mayús + H.
b) Ctrl + H.
c) Mayús + H.
d) Ninguna de las anteriores

14. ¿Qué formato de compresión de imágenes se suele usar para las webs?

a) RAW.
b) MPEG.
c) JPG.
d) BMP.

15. Los enlaces a páginas web o partes de un documento se denominan:

a) Vínculos.
b) Anclas.
c) Extensiones.
d) Ventanas.

16. ¿Como se denomina al objeto referente a guardar una página web para visitarla de forma más fácil posteriormente?

a) Marcador.
b) Favorito.
c) Las dos respuestas anteriores son correctas.
d) Vínculo.

17. La memoria donde se carga parte de la página web que se visita para navegar más rápido y transmitir únicamente los cambios en la misma se denomina:

a) Cookie.
b) Caché.
c) Historial.
d) Marcador.

18. ¿Qué son las cookies de un navegador Web?

a) Son una memoria para acceder más rápidamente a las webs.
b) Son los datos del usuario que se almacenan al acceder a ciertas webs para agilizar su uso en futuros accesos.
c) Son elementos que dificultan la navegación a través de internet.
d) Son virus que ralentizan la navegación.

19. ¿Qué servicios se pueden utilizar para hacer copias de seguridad de datos o compartir archivos en la nube?

a) Facebook.
b) DropBox.
c) Twitter.
d) Ninguno de los anteriores.

20. El contenido de la red y los niños es un tema que se trata en una disciplina denominada:

a) Ciberética.
b) Proveedores.
c) El protocolo TCP.
d) Ninguna de las respuestas anteriores es correcta.

21. ¿Cuál es la forma de acceso a internet más utilizada a día de hoy en los hogares?

a) Modem RTC.
b) UMTS.
c) Fibra.
d) Radio.

22. El símbolo utilizado para separar el nombre de usuario del servidor en las direcciones de correo electrónico es:

a) Q
b) O
c) &
d) @

23. Para conectar con un ordenador remoto con la finalidad de darle órdenes se utiliza el protocolo:

a) Telnet.
b) HTML.
c) TCP/IP.
d) FTP.

24. ¿Qué es un dominio informático en relación con Internet?

a) Una posesión.
b) Una dirección única en internet.
c) Un hardware para conectarse más rápidamente.
d) Ninguna de las respuestas anteriores es correcta.

25. Para navegar con seguridad es conveniente realizar ¿cuál de las siguientes opciones?

a) Entrar solo en sitios conocidos.
b) Usar antivirus.
c) Usar Firewall.
d) Todas las respuestas anteriores son correctas.

26. En los contenidos Web debería prevalecer para facilitar su visualización y navegabilidad ¿qué característica?

a) La simplicidad y claridad.
b) El diseño y la multitud de datos.
c) La inclusión de la mayor cantidad de datos posible para que el usuario tenga todo a su disposición.
d) Ninguna de las respuestas anteriores es correcta.

27. Indica cuál de las siguientes opciones no es un buscador de internet:

a) Google.
b) DuckDuckGo.
c) Bing.
d) Gmail.

28. Para preservar la confidencialidad de la información, convendría usar ¿qué buscador de contenidos?

a) Google.
b) Bing.
c) Duckduckgo.
d) Ninguno de los anteriores.

29. El nuevo protocolo de asignación de IP previsto para disponer de más números se denomina:

a) IPv4.
b) IPv6.
c) IPv5.
d) IPv3.

30. Para optimizar la navegación por internet conviene, de vez en cuando ¿qué acción realizar?

a) Borrar cookies y caché.
b) Dejarlo todo como está.
c) Navegar sobre todo de noche cuando hay menos tráfico.
d) Ninguna de las anteriores.

31. La organización que vela por los estándares a utilizar en la Web se denomina:

a) W3C.
b) WAC.
c) 3WC.
d) WWW.

32. ¿Cuál de las siguientes aplicaciones se utiliza para chats o videoconferencias?

a) Facebook.
b) Skype.
c) Onedrive.
d) Anydesk.

33. El tipo de comercio utilizado para realizar transacciones entre consumidores particulares se denomina:

a) B2B.
b) B2C.
c) B2G.
d) C2C.

34. ¿Qué velocidad de transferencia podrá alcanzar el 5G de móvil?

a) 100 Mbps.
b) 1 Gbps.
c) 10 Gbps.
d) 100 Gbps.

35. ¿Qué utilizan actualmente los proveedores de internet para dotar de IPs a los clientes y facilitarles acceso a internet?

a) CGNAT.
b) Virtual Com.
c) DNS.
d) Emails.

Solución al test n.º 8

1. b) Internet es una red de ordenadores descentralizada.

2. c) En 1990.

3. a) Banner.

4. d) LAN.

5. c) Java.

6. b) Server.

7. a) DNS.

8. c) Firewall.

9. c) Permite identificar paquetes no recibidos y solicitarlos de nuevo.

10. a) Usar una misma IP pública para varios usuarios.

11. b) 192.256.2.5.

12. d) Filezilla.

13. a) Ctrl + H.

14. c) JPG.

15. a) Vínculos.

16. c) Las dos respuestas anteriores son correctas.

17. b) Caché.

18. b) Son los datos del usuario que se almacenan al acceder a ciertas web para agilizar su uso en futuros accesos.

19. b) DropBox.

20. a) Ciberética.

21. c) Fibra.

22. d) @.

23. a) Telnet.

24. b) Una dirección única en internet.

25. d) Todas las respuestas anteriores son correctas.

26. a) La simplicidad y claridad.

27. d) Gmail.

28. c) Duckduckgo.

29. b) IPv6.

30. a) Borrar cookies y caché.

31. a) W3C.

32. b) Skype.

33. d) C2C.

34. b) 1 Gbps.

35. a) CGNAT.

**Las Tecnologías de la información y la comunicación.
La Administración Electrónica. Firma Digital. Acceso electrónico de
los ciudadanos a los servicios públicos. El portal de acceso y la sede
electrónica. El expediente y el archivo electrónico**

1. En relación con las sedes electrónicas, es cierto que:

a) La sede electrónica asociada tendrá consideración de sede electrónica a todos los efectos.

b) El acto o resolución de creación o supresión de una sede electrónica o sede electrónica asociada será publicado en el boletín oficial del Estado.

c) El titular de la sede electrónica y, en su caso, de la sede electrónica asociada, no será responsable de la integridad, veracidad y actualización de la información a la que pueda accederse a través de la misma.

d) Solo podrá crearse una sede electrónica asociada por cada sede electrónica.

2. El acta o resolución de creación de una sede electrónica debe determinar necesariamente:

a) La fecha y hora oficial, así como el calendario de días inhábiles a efectos del cómputo de plazos aplicable a la Administración en que se integre el órgano, organismo público o entidad de derecho público vinculado o dependiente que sea titular de la sede electrónica o sede electrónica asociada.

b) La información necesaria para la correcta utilización de la sede electrónica, incluyendo su mapa o información equivalente, con especificación de la estructura de navegación y las distintas secciones disponibles, así como la relativa a propiedad intelectual, protección de datos personales y accesibilidad.

c) La normativa reguladora del Registro al que se acceda a través de la sede electrónica.

d) La identificación del órgano u órganos encargados de la gestión y de los servicios puestos a disposición en la misma.

3. Según el artículo 38.2 de la Ley 40/2015, de 1 de octubre, de Régimen Jurídico del Sector Público, el establecimiento de una sede electrónica conlleva la responsabilidad del titular respecto de la integridad, veracidad y .... de la información y los servicios a los que pueda accederse a través de la misma. Señala qué palabra falta en la anterior frase:

a) Seguridad.
b) Interoperabilidad.
c) Actualización.
d) Neutralidad.

4. Servicio de la administración electrónica que permite a la ciudadanía tener acceso a la información de carácter personal en poder de las Administraciones Públicas, así como sobre los procedimientos en los que tenga condición de persona interesada:

a) Punto de acceso general electrónico.
b) Portal de internet.
c) Sede electrónica.
d) Carpeta ciudadana.

5. Cuando una sede electrónica o sede electrónica asociada contenga procedimientos, servicios o ambos, cuya competencia corresponda a otro órgano administrativo, organismo público o entidad de derecho público vinculado o dependiente, ¿quién será responsable de la integridad, veracidad y actualización de los mismos?

a) El titular de la competencia, siempre que dicho órgano, organismo o entidad pertenezca a la misma Administración.
b) El titular de la sede electrónica o sede electrónica asociada, siempre que dicho órgano, organismo o entidad pertenezca a la misma Administración.
c) El titular de la competencia, sea de la misma o de diferente Administración.
d) El titular de la sede electrónica o sede electrónica asociada, sea de la misma o de diferente Administración.

6. Conforme al artículo 7.3 del Real Decreto 203/2021, para poder acceder a todas las sedes electrónicas y sedes asociadas de la Administración Pública correspondiente, el Punto de Acceso General electrónico dispondrá de:

a) Una sede electrónica.
b) Un área personalizada.
c) Un portal de internet.
d) Un Punto de Acceso Específico electrónico.

7. Según el artículo 11 del Real Decreto 203/2021, de 30 de marzo, por el que se aprueba el Reglamento de actuación y funcionamiento del sector público por medios electrónicos, NO es un contenido mínimo que toda sede electrónica ha de poner a disposición de las personas interesadas:

a) La normativa reguladora del Registro al que se acceda a través de la sede electrónica.

b) La relación de sistemas de identificación y firma electrónica que sean admitidos o utilizados en la misma.

c) La identificación del acto o disposición de creación y el acceso al mismo, directamente o mediante enlace a su publicación en el Boletín Oficial correspondiente.

d) Relación histórica de los servicios, procedimientos y trámites publicados.

8. Según el artículo 38.3 de la LRJSP, cada Administración Pública determinará las condiciones e instrumentos de creación de las sedes electrónicas, con sujeción a varios principios, entre los que no figura el de:

a) Neutralidad.

b) Accesibilidad.

c) Coordinación.

d) Publicidad.

9. La sede electrónica a través de la cual se facilita el acceso a los servicios y procedimientos de las distintas sedes electrónicas de la Administración Pública correspondiente, se conoce en la LPACAP como:

a) Punto general de acceso.

b) Oficina virtual de referencia.

c) Registro general electrónico.

d) Portal-sede.

10. Se define en el artículo 39 de la LRJSP como el punto de acceso electrónico cuya titularidad corresponda a una Administración Pública, organismo público o entidad de Derecho Público que permite el acceso a través de internet a la información publicada y, en su caso, a la sede electrónica correspondiente:

a) Portal de transparencia.

b) Plataforma oficial.

c) Portal web.

d) Portal de internet.

11. Señala la palabra que falta, según el artículo 12.1 de la LPACAP. Las Administraciones Públicas deberán garantizar que los interesados pueden relacionarse con la Administración a través de medios electrónicos, para lo que pondrán a su disposición los ………….. de acceso que sean necesarios así como los sistemas y aplicaciones que en cada caso se determinen:

a) Portales.

b) Servidores.

c) Canales.
d) Códigos.

12. Los datos en formato electrónico anejos a otros datos electrónicos o asociados de manera lógica con ellos que utiliza el firmante para firmar, constituyen, según el Reglamento (UE) 910/2014:

a) La firma electrónica.
b) El certificado electrónico.
c) El expediente electrónico.
d) El documento electrónico.

13. En relación con la firma electrónica del personal al servicio de las Administraciones Públicas, es cierto que:

a) En ningún caso, los sistemas de firma electrónica podrán referirse solo el número de identificación profesional del empleado público.
b) La actuación de una Administración Pública, órgano, organismo público o entidad de derecho público, cuando utilice medios electrónicos, se realizará mediante firma electrónica del titular del órgano o empleado público.
c) Cada Administración Pública determinará los sistemas de firma electrónica que debe utilizar su personal, los cuales deberán identificar de forma separada al titular del puesto de trabajo o cargo y a la Administración u órgano en la que presta sus servicios.
d) Con el fin de favorecer la interoperabilidad y posibilitar la verificación automática de la firma electrónica de los documentos electrónicos, cuando una Administración utilice sistemas de firma electrónica distintos de aquellos basados en certificado electrónico reconocido o cualificado, para remitir o poner a disposición de otros órganos, organismos públicos, entidades de Derecho Público o Administraciones la documentación firmada electrónicamente, deberá superponer un sello electrónico basado en un certificado electrónico reconocido.

14. Una condición para que pueda realizarse válidamente la identificación o firma electrónica en el procedimiento administrativo del interesado por un funcionario público mediante el uso del sistema de firma electrónica del que esté dotado para ello, es que:

a) El interesado disponga de los medios electrónicos necesarios.
b) El interesado esté obligado a relacionarse con la Administración por medios electrónicos.
c) El interesado se identifique ante el funcionario y preste su consentimiento expreso para esta actuación.
d) El interesado sea una persona física o jurídica.

15. Según el artículo 36.1 de la Ley 39/2015 (LPACAP), los actos administrativos se producirán por escrito a través de medios electrónicos:

a) En cualquier caso.
b) A menos que su naturaleza permita otra forma de expresión y constancia.

c) A menos que su naturaleza exija otra forma más adecuada de expresión y constancia.

d) A menos que el órgano instructor autorice otra forma más adecuada de expresión y constancia.

16. Con carácter previo a la elaboración de un proyecto o anteproyecto de ley o de reglamento, se sustanciará una consulta pública, a través del portal web de la Administración competente en la que se recabará la opinión de los sujetos y de las organizaciones más representativas potencialmente afectados por la futura norma. La consulta pública podrá omitirse cuando la norma:

a) Tenga un impacto significativo en la actividad económica.

b) Imponga obligaciones relevantes a los destinatarios.

c) Afecte a derechos o intereses legítimos de colectivos de personas.

d) Regule aspectos parciales de una materia.

17. Según el artículo 13.g) de la LPACAP, quienes tienen capacidad de obrar ante las Administraciones Públicas, son titulares, en sus relaciones con ellas, del derecho a la obtención y utilización de:

a) Cualquier medio de identificación y firma electrónica.

b) Los medios de identificación y firma electrónica que tenga a su alcance.

c) Los medios de identificación y firma electrónica contemplados en esta ley.

d) Los medios de identificación y firma electrónica, cuando así corresponda legalmente.

18. Los principios básicos y requisitos mínimos requeridos para una protección adecuada de la información constituyen:

a) El Esquema Nacional de Seguridad.

b) El Esquema Nacional de Interoperabilidad.

c) La estrategia TIC.

d) El Plan de Transformación digital de la Administración General del Estado.

19. El Esquema Nacional de Seguridad está constituido por los principios básicos y requisitos mínimos que garanticen adecuadamente la seguridad de la información tratada. Entre los principios básicos figura la:

a) Protección de las instalaciones.

b) Seguridad por defecto.

c) Reevaluación periódica.

d) Prevención ante otros sistemas de información interconectados.

20. La letra [C] señala, en relación con la seguridad de la información o de los sistemas, una dimensión de seguridad de:

a) Cualificación.

b) Confidencialidad.

c) Capacitación.

d) Certificación.

21. Un incidente de seguridad que afecte a alguna de las dimensiones de seguridad supone un perjuicio muy grave sobre las funciones de la organización, sobre sus activos o sobre los individuos afectados, cuando:

a) Reduzca de forma apreciable la capacidad de la organización para atender eficazmente sus funciones y competencias, aunque estas sigan desempeñándose.

b) Cause un daño significativo en los activos de la organización.

c) Cause un perjuicio significativo a algún individuo, de difícil reparación.

d) Anule efectivamente la capacidad de la organización para desarrollar eficazmente sus funciones y competencias.

22. Aquella dimensión de la interoperabilidad relativa a que la información intercambiada pueda ser interpretable de forma automática y reutilizable por aplicaciones que no intervinieron en su creación, se denomina:

a) Interoperabilidad semántica.

b) Interoperabilidad técnica.

c) Interoperabilidad en el tiempo.

d) Interoperabilidad organizativa.

23. En relación con la adhesión a las plataformas de la Administración General del Estado, es cierto que:

a) La adhesión a una plataforma, registro o servicio electrónico de la Administración General del Estado supondrá, necesariamente, un cambio de la titularidad sobre las actuaciones administrativas realizadas en el procedimiento administrativo de que se trate.

b) Si la plataforma provee un servicio que requiere el intercambio de información entre dos entidades usuarias de la misma o de distinta plataforma, la autenticación de la entidad solicitante puede acreditarse, ante la entidad cedente, mediante un sello electrónico cualificado del órgano, organismo público o entidad de derecho público que gestiona la plataforma en cuestión de la que es usuaria la entidad solicitante, que actuará en nombre de los órganos y organismos o entidades adheridos que actúan como solicitantes.

c) La adhesión de las comunidades autónomas o entidades locales a las plataformas estatales o registros previstos en la disposición adicional segunda de la LPACAP, es una obligación.

d) Los órganos competentes para la gestión del procedimiento administrativo de las Administraciones que se adhieran a estas plataformas, registros o servicios electrónicos no son responsables del uso que hagan de las mismas en el ejercicio de sus competencias.

24. Las condiciones y las garantías por las que se regirá la transmisión de documentos electrónicos en entornos cerrados de comunicaciones entre distintas Administraciones públicas se establecerán:

a) Por ley.

b) Por Real Decreto.

c) Mediante convenio suscrito entre aquellas.

d) En una Conferencia Sectorial.

25. ¿Cuál es el órgano técnico de cooperación de la Administración General del Estado, de las Administraciones de las Comunidades Autónomas y de las Entidades Locales en materia de administración electrónica?

a) La Comisión Sectorial de administración electrónica.
b) El Comité Nacional de Cooperación Institucional.
c) El Instituto Nacional de Administración Pública.
d) La Unidad Informática Interadministrativa.

Solución al test n.º 9

1. a) La sede electrónica asociada tendrá consideración de sede electrónica a todos los efectos.

2. d) La identificación del órgano u órganos encargados de la gestión y de los servicios puestos a disposición en la misma.

3. c) Actualización.

4. d) Carpeta ciudadana.

5. c) El titular de la competencia, sea de la misma o de diferente Administración.

6. a) Una sede electrónica.

7. d) Relación histórica de los servicios, procedimientos y trámites publicados.

8. c) Coordinación.

9. a) Punto general de acceso.

10. d) Portal de internet.

11. c) Canales.

12. a) La firma electrónica.

13. b) La actuación de una Administración Pública, órgano, organismo público o entidad de derecho público, cuando utilice medios electrónicos, se realizará mediante firma electrónica del titular del órgano o empleado público.

14. c) El interesado se identifique ante el funcionario y preste su consentimiento expreso para esta actuación.

15. c) A menos que su naturaleza exija otra forma más adecuada de expresión y constancia.

16. d) Regule aspectos parciales de una materia.

17. c) Los medios de identificación y firma electrónica contemplados en esta ley.

18. a) El Esquema Nacional de Seguridad.

19. c) Reevaluación periódica.

20. b) Confidencialidad.

21. d) Anule efectivamente la capacidad de la organización para desarrollar eficazmente sus funciones y competencias.

22. a) Interoperabilidad semántica.

23. b) Si la plataforma provee un servicio que requiere el intercambio de información entre dos entidades usuarias de la misma o de distinta plataforma, la autenticación de la entidad solicitante puede acreditarse, ante la entidad cedente, mediante un sello electrónico cualificado del órgano, organismo público o entidad de derecho público que gestiona la plataforma en cuestión de la que es usuaria la entidad solicitante, que actuará en nombre de los órganos y organismos o entidades adheridos que actúan como solicitantes.

24. c) Mediante convenio suscrito entre aquellas.

25. a) La Comisión Sectorial de administración electrónica.

Cómo acceder al Curso

Auxiliar Administrativo/a
Test del temario

El uso de los códigos **es exclusivo de los compradores de los productos de Editorial MAD**. Cada producto posee un código único y de un solo uso. Es personal e intransferible y da acceso a servicios y contenidos adicionales. Editorial MAD se reserva el derecho de hacer cuantas comprobaciones sean necesarias para identificar al legítimo poseedor del código y dejar de dar servicio a quien haga uso fraudulento del mismo, además de emprender cuantas acciones legales estime oportunas según la legislación vigente.

Deberás acceder a:

mad.es/registro-campus

Si una vez aceptadas las condiciones de uso del Campus decides hacer uso del mismo, necesitarás del siguiente código de acceso junto con los códigos del resto de títulos que se exigen (si fuera el caso):

JVQ7C2XBGS